NZZ **Libro**

D1662944

Werner Vogt

# SÜDAFRIKA – EINE DEMOKRATIE WIRD ERWACHSEN

## Geschichte | Gegenwart | Zukunft

Verlag Neue Zürcher Zeitung

Mit freundlicher Unterstützung durch:
– Werner Vogt Communications AG
– SAGADULA: Kinderzentrum für Musik – Bewegung – Spiel

Bibliografische Information der Deutschen Nationalbibliothek

Die Deutsche Nationalbibliothek verzeichnet diese Publikation
in der Deutschen Nationalbibliografie; detaillierte bibliografische Daten
sind im Internet über http://dnb.d-nb.de abrufbar.

© 2014 Verlag Neue Zürcher Zeitung, Zürich

Umschlaggestaltung: GYSIN [Konzept+Gestaltung], Chur
Gestaltung, Satz: Mediengestaltung Marianne Otte, Konstanz
Druck, Einband: Druckhaus Nomos, Sinzheim

ISBN 978-3-03823-922-2

www.nzz-libro.ch
NZZ Libro ist ein Imprint der Neuen Zürcher Zeitung

# INHALTSVERZEICHNIS

# VORWORT

Ein neues Buch über Südafrikas Geschichte, Politik, Wirtschaft und Gesellschaft? – Ja, und zwar deswegen, weil es im deutschsprachigen Raum nur wenig Literatur gibt, die gleichzeitig einen leicht lesbaren historischen Überblick bietet von den Ursprüngen bis zum Ende der ersten Legislatur von Präsident Jacob Zuma.

Das Werk soll dem mit Südafrika nicht vertrauten Leser eine möglichst umfassende Übersicht geben über die fesselnde und oft auch leidvolle Geschichte eines Landes, das den Betrachter an einem Tag zu faszinieren vermag, um ihn am nächsten Tag komplett vor den Kopf zu stossen. Südafrika ist im Guten wie im Schlechten einzigartig auf dem schwarzen Kontinent.

Als Korrespondent der *Neuen Zürcher Zeitung* für das südliche Afrika (von 1996 bis 2000) hatte ich das Glück, Land und Leute an der Südspitze des afrikanischen Kontinentes kennenzulernen, allen voran natürlich die Südafrikaner selbst. Obwohl die dramatischsten Momente der jüngeren Geschichte schon vorüber waren (von der Freilassung Nelson Mandelas nach 27 Jahren im Gefängnis bis zu seiner Vereidigung als Präsident, also 1990–1994), hatte man doch das Gefühl oder vielmehr die Überzeugung, als Zaungast in einem gigantischen Labor von gelebter Geschichte zu residieren.

Dass in diesem Prozess eine grosse Sympathie zu Land und Leuten entstand, war naheliegend. Wie einst ein Bekannter sagte: Es gibt in Afrika nicht nur das böse Virus, das HIV überträgt und Aids verursacht. Es gibt auch das gute Afrika-Virus, das einen immer wieder zurückkehren lässt zu Landschaften von stupender Schönheit mit einem Reichtum an Wildtieren, vor allem aber zu den Menschen, die diese Weltgegend bewohnen: Ihre Offenheit gegenüber dem Besucher aus Europa, ihre Freundlichkeit und Gastfreundschaft werden unvergesslich bleiben.

Das Gute zu wollen und zu wünschen für Südafrika und seine Bewohner darf aber nie ein Hinderungsgrund dafür sein, auch über das Schlechte zu schreiben. Weder für den Auslandskorrespondenten noch für den Buchautor. Im Gegenteil, gerade weil man dem Land das Gute wünscht, ist es umso wichtiger, Fehlentwicklungen in aller notwendigen Deutlichkeit zu beschreiben.

Zahlreiche Bekannte und Freunde in Südafrika, aber auch in der Schweiz haben mit ihrer Fachkenntnis zu diesem Buch beigetragen. Ihnen allen sei herzlich gedankt. Speziell hervorgehoben sei das Institute of Race Relations, Johannesburg, ein Thinktank, der seit Jahrzehnten ausgezeichnete Arbeit leistet. Ein ganz besonderer Dank geht an Dr. Jürg A. Schalch, Historiker und Geschäftsmann in Johannesburg, dem ich nach seiner minutiösen Durchsicht des Manuskripts zahlreiche Erkenntnisse verdanke. Last, but not least geht ein grosser Dank auch an meine Frau Daniela Vogt und an unsere beiden Töchter Luzia und Isabelle, die mir für dieses Buchprojekt den Rücken frei hielten.

# EINFÜHRUNG ·

Mit den fünften demokratischen Wahlen seit dem 27. April 1994 kam 2014 für den multirassischen Staat am Kap der Guten Hoffnung die Volljährigkeit. Somit ist die junge Demokratie erwachsen. Doch hier wie in der Entwicklung von Jugendlichen bedeutet Volljährigkeit nicht automatisch Reife. Dessen ungeachtet ist der 20. Geburtstag der südafrikanischen Demokratie ein guter Zeitpunkt zum Innehalten, um über Erreichtes wie Unerreichtes gleichermassen Bilanz zu ziehen.

Ausgangspunkt unserer Zeitreise ist die Trauerfeier für Nelson Mandela am 10. Dezember 2013 im Johannesburger First National Bank Stadion. Dieses Ereignis sorgte aus mehreren Gründen für internationale Schlagzeilen. So kam es zum historischen Handschlag zwischen den Präsidenten der USA und Kubas, Barack Obama und Raúl Castro. Dänemarks Premierministerin Helle Thorning-Schmidt wiederum wurde berühmt durch ein Handyfoto, das sie von Obama und sich selbst machte. Die eigentliche Sensation des Tages – zumindest aus südafrikanischer Perspektive – war jedoch die Art und Weise, wie das einheimische Publikum im Stadion mit seinem Präsidenten Jacob Zuma umging.

Jedes Mal, wenn das Gesicht des südafrikanischen Präsidenten auf der Grossleinwand erschien, erhob sich ein lautes

Konzert von Buhrufen und Pfiffen. Dies führte dazu, dass die Regie des südafrikanischen Fernsehens die Kameramänner instruierte, ja nicht mehr auf Zuma zu fokussieren. Es kam aber noch schlimmer: Als der Präsident Südafrikas seine Ansprache begann, verliessen Hunderte von einfachen schwarzen Bürgern des Landes das Stadion. Dies ist in mehrfacher Hinsicht eine Sensation. Zum einen gilt in Südafrika wie überall auf der Welt das Gebot der Höflichkeit bei einem öffentlichen Anlass und im Speziellen der Respekt vor der Würde des Verstorbenen. Zum anderen gilt in Afrika in viel grösserem Mass als bei uns das Respektsgebot vor Personen, die älter sind oder eine höhere gesellschaftliche Stellung innehaben.

Angesichts dieser Tradition ist es umso erstaunlicher, dass das Publikum gegen Jacob Zuma derart aufbegehrte. Zwei Gründe dürften für die Empörung der Bevölkerung im Vordergrund gestanden haben: Erstens muss es gerade für schwarze Südafrikaner, die in bescheidenen Verhältnissen leben, ein Affront sondergleichen sein, dass sich ihr Präsident seine Privatresidenz im heimatlichen KwaZulu-Natal für knapp 20 Millionen britische Pfund vergrössern und verschönern liess. Zweitens versuchte Zuma wiederholt, aus dem sterbenden Gründungspräsidenten des modernen Südafrika politisches Kapital zu schlagen: Zuma lud wiederholt zu «Presseterminen» mit Nelson Mandela ein, obgleich dieser – dement und geschwächt wie er war – keine Kontrolle mehr hatte über sich selbst. Es war ganz offensichtlich und für jedermann durchschaubar ein unwürdiges Spektakel.

Um bei der Person von Jacob Zuma, dem dritten gewählten Präsidenten seit dem politischen Wandel im Jahr 1994, zu bleiben, so fällt schon der Vergleich mit seinem Vorgänger

Thabo Mbeki sehr unvorteilhaft aus, derjenige mit Nelson Mandela geradezu katastrophal. Entscheidend für dieses negative Urteil ist weniger die Tatsache, dass Zuma einen sehr bescheidenen bzw. gar keinen Schulsack hat – er lernte erst im Gefängnis von Robben Island lesen und schreiben. Dies ist insbesondere dann ein Problem, wenn der Präsident auf sich allein gestellt ist, etwa als Hauptredner oder als Panel-Teilnehmer, und spontan auf Fragen zur Volkswirtschaft antworten muss. Hier wird das fehlende Fundament offensichtlich.

Wenig präsidial ist auch, dass Zuma von der Tochter eines Bekannten der Vergewaltigung bezichtigt wurde, ein Vorwurf, den diese in der Folge zurückzog. Geradezu haarsträubend ist in diesem Kontext auch die Tatsache, dass er ungeschützten Geschlechtsverkehr mit dieser Frau hatte und danach gegenüber der Presse sagte, es habe ja nichts passieren können, da er post festum geduscht habe. In vielen anderen Ländern wäre eine solche Dummheit politischer Selbstmord – nicht so in Südafrika.

Zumas fehlende Bildung und seine Unbedarftheit in gewissen Situationen sagen aber nicht das Geringste über seine politische Intelligenz aus. Der frühere Hirtenjunge stieg nicht von ungefähr zum Sicherheitschef des African National Congress (ANC) im Exil auf. In dieser Funktion war er auch massgeblich für schwere Menschenrechtsverletzungen in den ANC Camps von Angola verantwortlich. Zuma ist nicht nur ein geschickter Populist, der die Massen begeistern kann, wenn er will. Er ist vor allem ein mit allen Wassern gewaschener Machtpolitiker: So brachte er es fertig, den sich immer autokratischer und autistischer gebärdenden Staatspräsidenten Thabo Mbeki in dessen zweiter Amtszeit aus dem Sattel zu heben. Mit ande-

Abb. 1: Robben Island: Für die damaligen Gefangenen waren Kapstadt und der Tafelberg in Sichtweite. Zwölf Kilometer in kaltem Wasser bei widrigen Strömungen hätte aber kein Fliehender überlebt.

Abb. 2: Im Gefängnis von Robben Island mussten die Häftlinge nicht nur im Steinbruch Steine klopfen, sondern auch im Innenhof vor ihren Zellen. Die Zellen waren gerade gross genug (7 Quadratmeter), um darin zu schlafen. Der Alltag war geprägt von zahlreichen Schikanen. So unterstand der Briefverkehr mit der Familie einer strengen Zensur.

ren Worten: Jacob Zuma ist ein Mann, der nicht unterschätzt werden sollte.

Was ist in 20 Jahren erreicht worden? Zunächst einmal – und die Bedeutung dessen kann nicht genug betont werden – fand im Mai 1994 ein friedlicher Machtwechsel statt. Das weisse Minderheitenregime unter dem letzten Präsidenten der Apartheidära – Frederik Willem de Klerk – übergab die Macht an den ersten Präsidenten, der von Südafrikanern aller Hautfarben gewählt worden war: Nelson Mandela.

Wer nun behauptet, dies habe ja alles so kommen müssen, dem fehlt die Phantasie im Bösen. Die Jahre 1990 bis 1994, in denen über einen demokratischen Wandel gesprochen und verhandelt wurde, waren geprägt von einem Mass an Gewalttätigkeit, das heute nicht mehr vorstellbar ist. Bis zu 40 Tote durch politische Gewalt an einem einzigen Wochenende waren kein Einzelfall, sondern die Regel. Von wenigen Ausnahmen abgesehen war die politische Gewalt schwarz-schwarz und nicht etwa schwarz-weiss. Der sozialistisch ausgerichtete African National Congress und die ethnisch ausgerichtete Zulubewegung Inkatha Freedom Party (IFP) trugen im heimatlichen KwaZulu-Natal und auch sehr intensiv in den Townships rund um Johannesburg einen Kleinkrieg aus, der Mitte der 1980er-Jahre eskaliert, um nicht zu sagen explodiert war. Tausende von Toten waren die Folge.

In dieser brisanten politischen Situation hatte Südafrika das Glück, politische Führer zu haben, die auch schwierigste Situationen meistern konnten, etwa als der charismatische Kommunistenführer Chris Hani von zwei weissen Rechtsextremen erschossen wurde. Hier war Nelson Mandela federführend in der Beruhigung der kochenden Volksseele. Nicht auszudenken, was im Fall eines Attentats auf Mandela passiert wäre. Genauso fatal wäre ein Anschlag gegen de Klerk gewesen. Mit dem Schritt, den er auf seinen ehemaligen politischen Gegner zugegangen war, hatte er sich im eigenen Lager – d. h. in der Partei ebenso wie in seinem Kollegen- und Freundeskreis – zahlreiche Feinde geschaffen. Von zentraler Bedeutung für den Erfolg des politischen Wandels war auch General Constant Viljoen, der die um den Fortbestand ihrer Kultur besorgten Afrikaaner unter Kontrolle halten konnte, sowie Zulu-Führer Mangosuthu Buthelezi, der sich nach langem Hin und Her doch noch zur Teilnahme an den Wahlen und zum Einsitz in die Regierung der Nationalen Einheit entschliessen konnte.

Wie aber konnte es überhaupt zu einer Situation kommen, in der ein Land die Mehrheit seiner Bevölkerung systematisch in einem System zu unterdrücken vermochte, das sich Apartheid (Getrenntsein) nannte? Die Ursprünge gehen auf das Jahr 1652 zurück, als die holländische Ostindien-Kompanie für den Handelsverkehr mit ihren Besitztümern in Südostasien am Kap der Guten Hoffnung einen Versorgungsposten gründete.

Genau hier beginnt das Spezielle an der südafrikanischen Geschichte. Nach Südafrika wanderte nicht nur eine kleine koloniale Führungs- und Verwaltungsschicht ein, die möglichst viel Geld machen und dann zurückkehren wollte, sondern weisse Siedler, die sich von Europa definitiv verabschiedet hatten. Insbesondere den nach der Bartholomäusnacht von 1572 nach Holland geflohenen französischen Hugenotten fiel es leicht, ihrer Wahlheimat den Rücken zu kehren. Sie waren die erste Gruppe von weissen Einwanderern. Franschhoek (die «Ecke der Franzosen»), ein kleiner Ort am Kap, wo die Hugenotten ihre ersten Weinstöcke pflanzten, zeugt von dieser Vergangenheit. Die europäischen Siedler des 17. und 18. Jahrhunderts waren sehr schnell sehr expansiv. Sie dehnten ihr Siedlungsgebiet gewalttätig auf Kosten der lokal ansässigen Khoisan (Buschmänner) im Westen aus, während sie im Osten Grenzkriege gegen die Xhosas führten. Das grösste Bevölkerungswachstum kam aber durch die Sklaven aus Indien und Südostasien zustande, welche die Holländer nach Südafrika verschleppt hatten.

Bereits in dieser europäischen Gründerzeit manifestierte sich ein Topos der südafrikanischen Geschichte: die Verdrängung und/oder Unterdrückung der Schwächeren durch die politisch und militärisch Stärkeren. Dies, obwohl es damals – im Vergleich zu heute – Land en masse gab. Zur weiss-schwarzen Rivalität gesellte sich alsbald die weiss-weisse Rivalität. 1797, im Rahmen der Napoleonischen Kriege, besetzten britische Truppen die zentralen Gebiete der Kapprovinz, und zwar hauptsächlich aus der Überlegung, dass dieser geostrategisch wichtige Punkt nicht in die Hände der Franzosen fallen durfte. 1802, beim Friedensschluss von Amiens, ging das Kap zurück an die Niederländer. Doch schon 1806 waren die Briten wieder in Südafrika und errichteten eine Kronkolonie.

Mit dieser britischen Landnahme am Kap der Guten Hoffnung war der Grundstein für eine Rivalität gelegt, die 100 Jahre später zu einem blutigen Krieg führen und die Beziehungen zwischen Buren bzw. Afrikaanern und Briten bis weit ins 20. Jahrhundert vergiften sollten. Die Briten drängten in einer ersten Phase vehement nach Osten und schoben die Grenze zu den Xhosas bis an den Great Fish River. Gleichzeitig besiedelten und befestigten sie die eroberten Territorien im heutigen Eastern Cape. Die Buren fühlten sich zunehmend bedrängt.

Abb. 3: Die Buschmänner (San) leben traditionellerweise in den Weiten des Buschlands in der Northern-Cape-Provinz Südafrikas sowie in Botswana. Siedlungsdruck durch die Einwanderung des Amazizi-Stammes zwang die in Natal ansässigen San am Anfang des 19. Jahrhunderts zum Ausweichen in die Drakensberge. Dort malten sie mit selbst hergestellten Farben Szenen aus ihrem Leben, namentlich zum Thema der Jagd.

1833 beschloss Grossbritannien die Abschaffung der Sklaverei, was die Buren nicht akzeptierten. Sie wichen in der Folge nordostwärts aus und siedelten nördlich des Oranje-Flusses. Dieser Auszug aus der Kapkolonie von 14 000 Buren ging als der «Grosse Treck» (1835–1841) in die Geschichte ein.

Drei Eckpunkte aus der Zeit des Grossen Trecks und der Entwicklung sind besonders erwähnenswert:

- 1838: die Schlacht am Blood River. Dort besiegte eine verschworene Truppe von 470 Buren unter der Führung von Andries Pretorius ein Zulu-Heer von 10 000 Mann, wobei die Buren 3000 Gegner töteten. Der Sieg in dieser Schlacht wurde in der Folge mythisch verklärt und als gottgewollt überliefert.
- 1852: Gründung der Burenrepublik Transvaal (ursprünglich: Zuid Afrikaanse Republiek)
- 1854: Gründung der Burenrepublik Oranje-Freistaat (die heutige Provinz Free State).

Man hätte nun vielleicht davon ausgehen können, dass die Buren von diesem Zeitpunkt an in ihren beiden Staatsgebilden friedlich ihre Landwirtschaft betreiben. Wer je im Auto die über 1400 Kilometer von Johannesburg nach Kapstadt abgespult hat, weiss jedoch um das öde «platteland», soweit das Auge reicht, das vielerorts nur gerade für die genügsamen Schafe geeignet ist. Doch zwei Entdeckungen änderten dieses Set-up radikal: die Entdeckung von Diamanten in der Kapprovinz (1867) und die von Gold im Transvaal (1886). Beide Ereignisse zogen Tausende von Glücksrittern aus aller Welt an. Es versteht sich von selbst, dass angesichts dieser zwei Eldorados – vergleichbar nur mit Alaska und Kalifornien – das koloniale Auge Grossbritanniens noch einmal ganz genau von Kapstadt aus nach Nordosten schaute. Diesen Reichtum konnte man unmöglich den Buren allein überlassen.

Die Dimensionen der Diamanten- und Goldfunde sind sogar nach heutigen Gesichtspunkten beträchtlich. Zwischen 1871 und 1914 wurden im «Big Hole» von Kimberley – einer vulkanartigen Mine – 14,5 Millionen Karat an Rohdiamanten gefördert. Die Goldproduktion am Witwatersrand war nicht minder gigantisch. Im Jahr 1898 wurde – umgerechnet auf die Preise des Jahres 2000 – Gold im Gegenwert von 6,9 Milliarden britischen Pfund gefördert.

Die Bodenschätze standen im Zentrum der britischen Expansionsgelüste nach dem Transvaal. Annexionsversuche in den Jahren 1877, 1881 und 1895 wurden von den Buren abgewehrt, nicht zuletzt deshalb, weil die Engländer militärisch schlecht vorbereitet waren und in ungenügender Mannstärke auftraten. Der englische Druck hielt jedoch weiter an. Streitpunkt war allem voran die sogenannte Uitlander-Frage: Die britischen Einwanderer hatten im Transvaal kein Stimmrecht und damit auch keinen Einfluss auf die Politik. England wollte dies in Verhandlungen mit der Regierung von Präsident Paul Krüger ändern und diese Streitfrage war schliesslich mit ein Grund für den Burenkrieg (1899–1902) zwischen Grossbritannien und den beiden Burenrepubliken. Mit einem gigantischen Aufwand an Soldaten und Material siegten schliesslich die Briten. Zehntausende von Toten – auch Frauen und Kinder – waren die Folge der burischen Fehleinschätzung, dass sie sogar ein Weltreich besiegen könnten. Nach diesem Ringen und einer Brutalität der Kriegsführung, die ihresgleichen sucht, ist es umso erstaunlicher, dass die Briten gleichsam den Frieden verloren, nachdem sie den Krieg gewonnen hatten.

Abb. 4: Bis zum Jahr 1886 gab es auf dem Gelände der heutigen Stadt Johannesburg (1645 Quadratkilometer) vier Farmen. In jenem Jahr wurden dort die ersten Goldvorkommen entdeckt, was ähnlich wie in Alaska und Kalifornien zu einem Goldrausch führte. Der Abraum aus den Minenschächten wurde zu künstlichen Hügeln aufgehäuft, wie derjenige im Bild mit dem Autokino auf dem Plateau.

Im Friedensvertrag von Vereeniging (1902) wurden den Buren bereits Eigentumsrechte garantiert, gleichzeitig wurde aber auch bestimmt, dass die Schwarzen keine politischen Rechte erhalten sollten.

Für die Buren war die Niederlage eine traumatische Erfahrung. Hier war ein Volk am Boden zerstört. Und der Hass auf die Sieger hielt sich über Jahrzehnte. Man kann sagen, dass das blutige Ringen von 1899 bis 1902 Nachwirkungen bis zum Ende des 20. Jahrhunderts hatte. Präsident Pieter Willem Bothas Mutter war in einem britischen Konzentrationslager. Dieser Aufstieg von Underdogs und Geknechteten zur politischen Elite war sicher mit ein Grund, weshalb die Buren bis zum Jahr 1989 eisern an der Macht festhielten.

1910 erfolgte die Gründung der Union of South Africa (das heutige Staatsgebiet) und die Unabhängigkeit. Als Zeichen der Versöhnung wurde Pretoria (vormals Transvaal) Hauptstadt, Kapstadt (vormals britische Kapkolonie) Parlamentssitz und Bloemfontein (vormals Oranje-Freistaat) Sitz des Obersten Gerichts. Leer gingen hingegen alle nicht weissen Einwohner Südafrikas aus, also die Schwarzen, die Coloureds und die Indischstämmigen. Die Buren und ebenso die britischen Südafrikaner dachten nicht im Traum daran, den Schwarzen das allgemeine Stimmrecht zu geben.

Dass diese Situation der schwarzen Bevölkerung nicht gefallen konnte, liegt auf der Hand. Als Antwort auf die Segregationspolitik, die Diskriminierung, die lange vor der Apartheid (ab 1948) institutionalisiert wurde, gründete die politische Führung der Schwarzen 1912 den African National Congress. Eine der ersten Aktivitäten des Gründerpräsidenten Sol Plaatje war der Protest gegen den Natives Land Act (1913), ein Gesetz, das Schwarzen den Erwerb von Land – ausser in speziell vorgesehenen Gebieten – verbot. In den ersten zwei Jahrzehnten ihrer Existenz zeigte die Organisation wenig Wirkung. Sie trat als Bittstellerin auf und ihre Loyalität ging so weit, dass sie aufgrund der britischen Teilnahme im Ersten Weltkrieg jegliche Protestaktivitäten einstellte.

Krieg ist übrigens ein interessantes Stichwort in der schwarz-weissen Interaktion. Einerseits gab es bei der Ethnie der Zulus einen Grad der Kriegskunst, aber auch der Brutalität und Radikalität, die nicht nur andere Stämme das Fürchten lehrte. Bei der Schlacht von Isandlwana im Anglo-Zulu War (1879) wurde ein britisches Infanterieregiment bis fast zum letzten Mann von einem Zulu-Heer vernichtet. Andererseits wurden in den drei grossen Kriegen des 20. Jahrhunderts, im Burenkrieg, im Ersten und Zweiten Weltkrieg, Schwarze – und darüber hinaus auch Farbige und Indischstämmige – rekrutiert und kämpften als Waffenbrüder von Weissen; von der Belagerung von Mafikeng über Westeuropa, Nordafrika bis nach Ostafrika. Nicht nur das. Es kam auch vor, dass Schwarze zumindest in die Unteroffiziersränge befördert wurden. Mit anderen Worten: Der Burenkrieg und die beiden Weltkriege weichten die Fronten zwischen den Rassen auf.

Dieses kriegsbedingte Tauwetter zwischen den Rassen stiess nicht bei allen anglofonen Südafrikanern auf Gegenliebe. Bei den Buren war das Bild gemischt. Da war einerseits die staatstragende Elite – verkörpert etwa durch General Jan Smuts –, die Südafrika in die beiden Weltkriege führte. Zwölf Jahre nach dem Burenkrieg war das trotz allem nicht selbstverständlich. Auf der anderen Seite standen die Afrikaaner-Nationalisten, für die diese schwarz-weisse Annäherung ein Gräuel

Abb. 5: Im Rahmen des Anglo-Zulu War von 1879 erlitt die britische Armee zum Auftakt eine schmerzvolle Niederlage. Bei Isandlwana rieb die Armee König Cetswayos am 22. Januar ein ganzes Infanterieregiment auf. Nur wenige Füsiliere überlebten. Der Grund für die Niederlage war die schlechte Aufklärung vorab. Die Briten verloren zwar diese Schlacht, gewannen aber den Krieg.

Abb. 6: Sowohl im Ersten wie im Zweiten Weltkrieg wurde die Segregation gelockert, dies zumindest in den Streitkräften. Schwarze kämpften an der Seite von Weissen und wurden sogar befördert.

war. Sie waren auch Jahrzehnte nach dem Ende des Burenkriegs noch völlig verbittert angesichts der Niederlage gegen
die Briten. Dies ging so weit, dass die Hardliner der späteren
Apartheidregierung im Zweiten Weltkrieg für Nazideutschland waren.

1948 schlug die Stunde der Afrikaaner-Nationalisten:
In einem äusserst knappen Wahlsieg etablierte sich die Nationale Partei unter Daniel François Malan als neue politische
Kraft. Malan wie auch seine Mitstreiter und Nachfolger Hans
Strijdom, Hendrik Verwoerd und John Vorster hatten sich
fest vorgenommen, die Schwarzen und überhaupt die ganze
nicht weisse Bevölkerung rigoros in Schranken zu weisen. Die
Nationale Partei stützte sich in dieser Phase vor allem auf die
Arbeiter, Gewerbler und Bauern burischer Herkunft und war
klar gegen das englische bzw. anglofone südafrikanische Wirt-
schaftsestablishment, namentlich gegen die Randlords, die
Minenmagnaten.

Erstaunlich war vor allem eines: Während die Afrikaaner-
Nationalisten den Staat, d. h. die Regierung, Verwaltung, aber
auch die Staatsbetriebe so schnell wie möglich «burisierten»,
liessen sie sich mit dem, was man «Afrikaner empowerment»
nennen könnte, gut zehn Jahre Zeit. Erst in ihrer dritten Legislaturperiode forderten sie lautstark ein Stück vom grossen
wirtschaftlichen Kuchen in Form einer Beteiligung an bzw.
Kontrolle über grosse Konzerne.

Wo sie sich jedoch mit Feuereifer ins Zeug legten, war
die Umsetzung ihrer Vorstellungen über die Rassentrennung.
Zwischen 1950 und 1954 schufen die Nationalisten ein Gesetz nach dem anderen, das nur einem einzigen Zweck diente:
der Repression der schwarzen Bevölkerung. Nach dem Motto

«divide et impera» schufen die Buren ein Drei-Klassen-System, bei dem sie den Farbigen und Indischstämmigen mehr Rechte zugestanden als den Schwarzen. Markant an diesen ersten Apartheidjahren war nicht nur die rigorose Durchsetzung der Rassentrennung, sondern darüber hinaus die Rückschaffung der Schwarzen (sogenannte «forced removals»), die unautorisiert in die grossen Städte gezogen waren, in ihre Stammesgebiete. Dass die Bantustans oder Stammesgebiete mehrheitlich völlig unterentwickelte Gegenden mit wenig landwirtschaftlichem, geschweige denn anderweitigem Potenzial waren, wird nicht weiter erstaunen.

Die weissen Nationalisten betrachteten schwarze Menschen als unterentwickelt. Aus diesem Grund – so waren die Dinosaurier der Apartheidarchitekten überzeugt – war es auch obsolet, ihnen mehr als eine rudimentäre Schulbildung zukommen zu lassen. Als Hilfskräfte in der Landwirtschaft und Industrie würden, so die Überzeugung der damaligen Autoritäten, rudimentäre Kenntnisse im Lesen, Schreiben und Rechnen genügen. Die damaligen Machthaber sprachen von «separate development». Übersetzt hiess dies: die Autobahn in der Bildung für die Weissen, den Trampelpfad für die Schwarzen. Das Ganze nannte sich Bantu Education.

Symbolisch für diese Politik wurde das Johannesburger Quartier Sophiatown, wo nach dem Zweiten Weltkrieg zarte Anfänge von Multikulturalität entstanden waren, wie z. B. gemischtrassig frequentierte Jazzlokale. Klar, dass dies den Zorn der Apartheidrigoristen auf sich ziehen musste. 1956 wurde Sophiatown abgerissen und die dort ansässigen Schwarzen in die Township Soweto (die berühmte South Western Township bei Johannesburg) deportiert. Auf dem Boden des abgerisse-

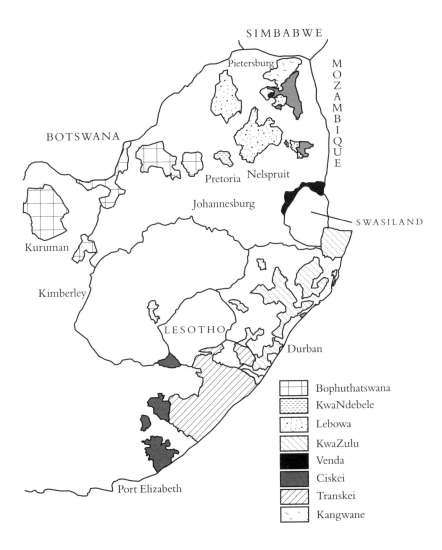

Abb. 7: Die Homelands (oder Bantustans) überzogen das Südafrika der Apartheidära wie ein Flickenteppich. Es handelte sich dabei um ländliche Stammesgebiete ohne Bodenschätze oder natürliches wirtschaftliches Entwicklungspotenzial.

Abb. 8: Um die Schwarzen von Johannesburg fernzuhalten, zwang sie die Regierung zur Ansiedlung ausserhalb der Stadtgrenze, in der South Western Township (Soweto). Das Bild zeigt Bauarbeiten im Stadtteil Orlando, wo auch Nelson Mandela gewohnt hatte. In Soweto gibt es Quartiere mit einer guten Wohninfrastruktur und auch das Gegenteil: Squatter Camps (Bretterbudensiedlungen).

nen Sophiatown errichteten die Buren einen Vorort namens Triomf (Triumph). Dasselbe geschah übrigens in Kapstadt mit dem Vorort District Six.

Wie bereits erwähnt war der African National Congress bis zum Ende der 1930er-Jahre als Protestbewegung ziemlich wirkungslos, um nicht zu sagen bedeutungslos. Dies änderte sich während des Zweiten Weltkriegs mit einer Generation von jungen Zornigen, von denen Nelson Mandela der bekannteste war. 1944 war er Mitgründer der ANC Youth League, die den ANC auf mehr Militanz trimmte. Die beginnenden 1950er-Jahre waren geprägt von breit angelegten Kampagnen von Boykotten, zivilem Ungehorsam und Streiks. Vorbild hier war das Indien Mahatma Ghandis mit seinem gewaltlosen Protest. Diesen Widerstand konnte der Staat aber noch erfolgreich brechen: Über 8000 Schwarze wurden im Zuge der Defiance Campaign von 1952 verhaftet.

Nach einem vorläufigen Erfolg der Repression braute sich gegen Ende der 1950er-Jahre der notwendige Widerstandswille für eine weitere politische Offensive gegen das Apartheidregime zusammen. Anlass für die Protestaktionen waren einmal mehr die verhassten Passbücher – nicht etwa Reisepässe, sondern Instrumente zur Kontrolle der Schwarzen. Am 21. März 1960 kam es zu einem Wendepunkt in der südafrikanischen Geschichte, als 69 unbewaffnete Schwarze in Sharpeville von der Polizei erschossen wurden. Dieses Massaker brachte den ANC zur Überzeugung, dass mit ausschliesslich friedlichen Methoden gegen den Apartheidstaat nichts zu erreichen war. Die ehemaligen Anführer der ANC Youth League, Walter Sisulu und Nelson Mandela, gründeten deshalb den bewaffneten Arm des ANC, Umkhonto weSizwe oder kurz MK (Speer der

Nation) genannt. Zunächst beschränkte man sich auf Gewalt gegen Sachen. Doch schon 1963, ohne dass diese Sabotagetätigkeit irgendwelche Wirkung entfaltet hätte, wurde die MK-Führung verhaftet und im sogenannten Rivonia-Prozess zu lebenslangen Haftstrafen verurteilt – unter den acht Aktivisten war auch Nelson Mandela.

Ein Grossteil der ANC- und MK-Führung war auf Robben Island vor Kapstadt inhaftiert, wer fliehen konnte, ging nach England, Tansania oder später Sambia. Wiederum war es dem Apartheidregime gelungen, den Widerstand gegen die Staatsgewalt sehr effektiv zu brechen, bis zum Schlüsseljahr 1976, als eine willkürliche Massnahme der Regierung unter Schülern und Studenten eine riesige Protestwelle auslöste. Der Aufstand von Soweto begann mit einem Marsch von 15 000 Kindern und Jugendlichen, die gegen die Einführung von Afrikaans als Unterrichtssprache protestierten. Die Polizei feuerte mit scharfer Munition in den Protestzug. Das Bild des erschossenen Knaben Hector Pieterson ging um die Welt. In der Folge weiteten sich die Proteste auf das ganze Land aus und Südafrika hatte sich vor der Weltöffentlichkeit ins Abseits gestellt. Aufstand und Repression bewogen massenhaft junge Leute, ins Exil zu gehen und sich dem ANC anzuschliessen. Zwar gelangen dem ANC hie und da aus dem Ausland Infiltrationsversuche und auch ab und zu eine Sabotageaktion oder ein Anschlag auf eine Person. Doch meistens wurden die Täter verhaftet oder gleich erschossen.

Zwischen dem ANC und den staatlichen Sicherheitskräften fand ein schmutziger Krieg ohne Regeln statt. Die Befreiungsbewegung und ihre Gegner folterten und mordeten ohne die geringsten Skrupel, allzu oft auf bestialische Weise.

Abb. 9: Das berühmteste Bild der südafrikanischen Geschichte: Am 16. Juni 1976 fand in Soweto eine Demonstration von Schülern gegen Pläne der Regierung statt, einen Grossteil des Unterrichts in Afrikaans durchzuführen. Die Polizei löste diesen Protestzug mit brutaler Gewalt auf: Sie schoss wahllos in die Menge. Das erste Opfer war Hector Pieterson, ein zwölfjähriger Junge. Das berühmte Bild von Sam Nzima zeigt den sterbenden Knaben in den Armen seines Schulkollegen Mbuyisa Makhubo. Daneben geht Hectors Schwester Antoinette Sithole. Erst durch das ruchlose Vorgehen der Polizei wurde aus der Protestbewegung ein Aufstand. Der Repression fielen 575 Jugendliche zum Opfer, 2389 wurden verletzt. Nach einem halben Jahr hatte die Polizei den Widerstand der Schüler gebrochen.

Parallel dazu liefen zwei weitere Formen des Protests und ein schwarz-schwarzer Kleinkrieg. Auf der einen Seite lautete ab 1985 in den Townships die Devise: Südafrika muss unregierbar gemacht werden. Auf der anderen Seite übernahmen Gewerkschaften und Nichtregierungsorganisationen die Aufgaben von Parteien, da sämtliche schwarzen politischen Parteien ja verboten waren. Beide Widerstandskräfte richteten sich gegen das Regime. Parallel dazu gab es im Kleinkrieg zwischen der traditionalistischen Zulu-Bewegung Inkatha Freiheitspartei und dem ANC äusserst gewaltvolle Auseinandersetzungen, die in 20 Jahren an die 20 000 Tote forderte.

Die Situation war verfahren: Der ANC konnte den Sicherheitsapparat des «Ancien Régime» in Südafrika nicht im geringsten Mass gefährden. Andererseits war der Aufstand in den Townships auch durch die härteste Repression nicht mehr zu beruhigen und die Gewerkschaften, die sich zum politischen Kampfinstrument entwickelt hatten, legten die Wirtschaft durch ihre Streiks lahm. Auch wenn Südafrika durch die internationalen Handelssanktionen nicht in die Knie zu zwingen war, litt das Land darunter, und erst recht läuteten die Alarmglocken, als die Chase Manhattan Bank 1985 Südafrika als nicht mehr kreditwürdig einstufte und damit einen Dominoeffekt auslöste. Der frühere Schweizer Nationalbankpräsident Fritz Leutwiler war der Regierung Botha in der Folge behilflich, die Staatsschulden umzuschichten, sodass die Krise beigelegt werden konnte. Doch hatte der Warnschuss aus den internationalen Finanzmärkten seine Wirkung nicht verfehlt.

Sowohl seitens der Regierung wie seitens des Big Business in Südafrika begannen Geheimgespräche mit den höchsten Vertretern des ANC. Auch zwischen Präsident Botha und Nelson Mandela gab es direkte Gespräche auf höchster Geheimhaltungsstufe. Der Durchbruch kam dennoch nicht. Unterdessen errang der ANC an der Propagandafront einen Sieg nach dem anderen: 1988 fand zum 70. Geburtstag des berühmtesten politischen Gefangenen der Welt ein Konzert im Londoner Wembley-Stadion statt: 80 000 Zuschauer und Millionen mit ihnen am Fernseher sandten eine einzige Botschaft nach Pretoria: Free Nelson Mandela! Mandela hatte den Status eines Rockstars erreicht.

Die Blockade dauerte aber noch immer an. Erst das Jahr 1989 brachte die Voraussetzungen für die Wende: Herzinfarkt und Rücktritt Präsident Bothas und Fall der Berliner Mauer. Bothas Nachfolger Frederik Willem de Klerk setzte innerhalb weniger Monate zum Quantensprung an: Freilassung aller politischen Gefangenen, Aufhebung des Banns gegen die verbotenen Parteien, Aufnahme von Gesprächen über einen demokratischen Wandel.

Zwischen 1990 und 1994 ereignete sich in Südafrika etwas, das an ein Wunder grenzt: Trotz aller Rückschläge rangen sich die ehemaligen Todfeinde zu den ersten freien Wahlen durch, die automatisch den Machtverlust für die Weissen bedeuteten, sowie zur Bildung einer Regierung der nationalen Einheit. Dass dies geschah, ist keineswegs selbstverständlich.

2014, nach vier Amtsperioden von demokratisch gewählten Regierungen, ist Südafrikas Demokratie «volljährig». Dies ist aber noch lange nicht gleichbedeutend mit reif. Im Gegenteil, das Land muss noch einen weiten Weg gehen, wenn es den Vergleich mit älteren Demokratien wagen möchte. Vieles wurde seit 1994 erreicht. Millionen von Menschen sind heute besser gestellt. Aber in einem Land mit einer derartigen Kluft zwischen Arm und Reich und einer so grossen Anzahl von absolut Besitzlosen ist auch «vieles» nie genug. Ein weiteres Problem ist, dass die Besserstellung von Millionen vorab auf einen gigantischen Umverteilungsprozess zurückzuführen ist, statt auf wirtschaftliche Leistung und Wachstum. So gibt es für die Zukunft des Landes höchst unterschiedliche Szenarien. Dieses Buch wird einige aufzeigen. Vor allem wird es aber erklären, wie dieses faszinierende Land dahin gekommen ist, wo es heute steht.

# VON DEN ANFÄNGEN
# BIS ZUM GOLDRAUSCH

Eigentlich könnte man die Geschichte Südafrikas bei Adam und Eva anfangen, hat sie doch eine anthropologische bzw. paläontologische Komponente. Dies würde den Rahmen dieser Arbeit jedoch sprengen. Der Vollständigkeit halber sei aber Folgendes erwähnt: Südafrika gehört mit anderen afrikanischen Fundorten zu den Wiegen der Menschheit: 1947 wurde im Gebiet von Sterkfontein, unweit von Johannesburg, ein Hominidenschädel gefunden, der «Mrs. Ples» getauft wurde. Sein Alter wird mit 2,6 bis 2,8 Millionen Jahren angegeben. Insofern hat Südafrika die menschliche Evolutionsgeschichte mitgeschrieben. Man kann sich sogar vorstellen, dass der Vorläufer des Menschen hier den Gebrauch von Werkzeugen erfunden hat, wie dies so meisterhaft dargestellt ist in Stanley Kubricks Monumentalwerk *2001: A Space Odyssey*. In der Eröffnungsszene entdeckt das Leittier in einer Gruppe von Menschenaffen plötzlich den grossen Röhrenknochen eines Skeletts als Werkzeug und zertrümmert dann vor lauter Freude über die Erfindung in Zeitlupe einen Schädel, der am Boden liegt. Tags darauf verläuft der Kampf um die Wasserstelle plötzlich ganz anders: Die eine Gruppe von Menschenaffen ist bewaffnet und schlägt die andere brutal in die Flucht.

Kubricks Parabel auf das menschgewordene Tier oder das Tierische im Menschen steht sinnbildlich für die südafrikanische Geschichte: Egal welche Ethnie am stärksten war: Immer wurde der Schwächere mit brutalster Gewalt von den attraktivsten Plätzen vertrieben. Südafrika ist mit über 1,2 Millionen Quadratkilometern so gross wie Deutschland, England und Frankreich zusammen oder anders gesagt 30-mal so gross wie die Schweiz. Da wäre eigentlich sogar heute mit 50 Millionen Einwohnern genug Platz für jeden. Die Geschichte zeigt aber, dass man das Gras beim Nachbarn immer als grüner betrachtete als das vor der eigenen Tür. Noch vor der Ankunft der Weissen vertrieben die Khoi Khoi (Hottentotten) die San (Buschmänner) von den fruchtbarsten Gebieten. Danach kämpften Holländer gegen San, Engländer gegen Xhosas und Zulus, Briten gegen Buren. Und schliesslich kam die Apartheid als besonders perfides System zur Fernhaltung der Bevölkerungsmehrheit von den ergiebigsten Wasserstellen.

Die für Südafrika in jeder Beziehung schicksalshafte «weisse Geschichte» begann im Jahr 1652 mit der Errichtung eines Versorgungspostens durch die niederländische Vereenigde Oost-Indische Compagnie (gegründet 1602). Diese Handelsgesellschaft – im Übrigen die erste börsenkotierte Aktiengesellschaft überhaupt – hatte einen klar asiatischen Fokus mit Aktivitäten im heutigen Indonesien, Indien und Sri Lanka. Kapstadt war der Nukleus der Kapkolonie, wobei die Holländer dort weniger eine weisse Masseneinwanderung aus Europa förderten als vielmehr eine schlanke Oberschicht von Weissen mit einer Arbeiterschaft bestehend aus indonesischen Sklaven. So erklärt sich auch, weshalb das Afrikaans – die aus dem Holländischen entstandene Sprache der Buren und Farbigen

– einzelne Wörter aus dem Indonesischen übernommen hat wie etwa «pisang» (Banane). Als der Gründer der Kapkolonie, Jan von Riebeeck, Südafrika nach zehn Jahren verliess, lebten dort erst 2000 Weisse. Im Unterschied zu Südafrika förderte Australien konsequent die weisse Einwanderung, was sich über 200 Jahre später extrem in Zahlen ausdrückte: Südafrika zählte 2007 4,4 Millionen Weisse, Australien 20 Millionen. Mit anderen Worten machten die weissen Südafrikaner – sowieso die Buren, aber auch die Briten – einen fundamentalen Fehler im Bestreben,  das Land zu regieren und zu beherrschen. Sie waren zu wenig zahlreich für eine nachhaltige Beherrschung des Landes.

Interessant an der Kapkolonie war die Tatsache, dass ein gewisses Mass an ethnischer Durchmischung toleriert wurde. Ehemalige Sklaven konnten sogar durch Heirat mit weissen Frauen sozial aufsteigen. Diese Mobilität wurde aber Ende des 18. Jahrhunderts gekappt und vollends tabu war sie in den später gegründeten Burenrepubliken Transvaal und Oranje-Freistaat.

Anders war dies am Kap unter britischer Herrschaft. Die Briten besetzten diesen geostrategischen Knotenpunkt erstmals von 1795 bis 1803 im Rahmen der Napoleonischen Kriege und übernahmen 1806 definitiv die Kontrolle. Anders als bei den Niederländern bzw. Buren hatten die Farbigen unter britischer Herrschaft ein qualifiziertes Wahlrecht. Wer über ein bestimmtes Besitz- und Bildungsniveau verfügte, durfte dieses erwerben. Dasselbe galt übrigens für die britische Kolonie Natal.

Das Leitmotiv der südafrikanischen Geschichte «Eroberung und Verdrängung» manifestierte sich in der Kapkolonie

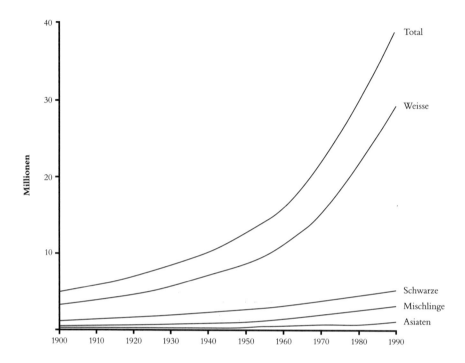

Abb. 10: Bevölkerungsentwicklung ab 1900.

Von den Anfängen bis zum Goldrausch

Abb. 11: Südafrika vor dem Burenkrieg. Das riesige Gebiet des heutigen Südafrikas – es ist 30-mal grösser als die Schweiz – war vor dem Burenkrieg in vier Einheiten aufgeteilt: die englisch dominierten Gebiete Natal und die Kapprovinz sowie die Burenrepubliken Oranje-Freistaat und Transvaal.

gleich an drei Fronten: Im Westen dehnten sich die weissen Siedler auf Kosten der Khoi-San aus, im Osten auf Kosten der Xhosa, wobei dies am östlichen Limes eigentliche Grenzkriege waren. Bedeutsam für die weitere Geschichte des Landes war aber die Tatsache, dass die Buren in den ersten Jahrzehnten des 19. Jahrhunderts den Machtkampf gegen die Briten verloren. Besonders ärgerlich aus Sicht der Buren war dabei die Aufhebung der Sklaverei durch das britische Parlament im Jahr 1834. Auch die Tatsache, dass sie gegenüber den Briten steuerpflichtig waren, widerstrebte ihnen zutiefst. Damit wurden sie wirtschaftlich automatisch schlechter gestellt.

Die Niederlage in der Sklavenfrage war einer der Hauptgründe, weshalb sich die Buren zum Auszug aus der Kapprovinz entschlossen. Im Unterschied zu den Israeliten, die aus der ägyptischen Gefangenschaft zurückwanderten ins Gelobte Land, stellten sich die strenggläubigen, ja pietistischen Buren vor, dass Gott sie ins – neu zu erobernde und zu besiedelnde – gelobte Land führen würde. Dieser Mythos lag ideengeschichtlich irgendwo zwischen der erwähnten alttestamentlichen Geschichte und der Eroberung des Wilden Westens Amerikas. Letzteres Element ist in der Mentalität der Afrikaaner eingebrannt mit dem Bild des «Laagers», der kreisförmig angelegten Wagenburg, welche die Buren zum Schutz gegen die Zulus anlegten, so wie dies die Siedler im Mittleren Westen gegen die Indianer taten. Die «Laager-Mentalität» ist noch heute eine stehende Redewendung im politischen Vokabular Südafrikas, wenn man von Einigelung sprechen will.

Es gab aber auch ganz pragmatische Gründe dafür, weshalb die Buren nordostwärts wanderten: Diese reichten von der Zermürbung angesichts ständiger Angriffe der Xhosas auf die Farmen (denen man zuvor das Land weggenommen hatte) über missliche Bedingungen am Agrarmarkt bis zu Kreditknappheit. Jedenfalls brachen in den 1830er-Jahren 15 000 Buren und 7000 farbige Angestellte oder Sklaven auf der Suche nach einer besseren Zukunft nach Nordosten auf. Von Letzteren sprach die burische Geschichtsschreibung lange nur in Fussnoten. Diese kleine Völkerwanderung führte die Buren über den Vaal-Fluss – daher der Name Transvaal – bis hinauf an die Grenze zum heutigen Simbabwe. Man glaubte sogar, die Quelle des Nils entdeckt zu haben, daher der Name Nylstroom (kürzlich umbenannt in Modimolle) für eine Stadt in der heutigen Limpopo Province.

Das bedeutsamste Ergebnis des Grossen Trecks war die Gründung der beiden Burenrepubliken Transvaal und Oranje-Freistaat in den Jahren 1852 respektive 1854. Wer je im Auto von Johannesburg nach Kapstadt gefahren ist, das sind gute 1400 Kilometer, weiss um die teils öden, offensichtlich nicht sehr fruchtbaren Flächen links und rechts der Überlandstrasse, auf denen da und dort ein quietschendes Windrad bei einer Wasserpumpe zu sehen ist. Wim Wenders Film *Paris, Texas* kommt einem in den Sinn. Die Engländer hätten sicher nichts dagegen gehabt, wenn die Buren im Transvaal und im Oranje-Freistaat ihre Rinder und Schafe gezüchtet hätten. Doch der Zufall wollte es, dass 1886 im Transvaal, am Witwatersrand, Gold in einem gigantischen Ausmass entdeckt wurde. Bereits davor, 1867, hatte man in Kimberley, in der englischen Kapprovinz, Diamanten gefunden. Die heutige Millionenmetropole Johannesburg bestand bis Anfang der 1880er-Jahre aus vier riesigen Farmen in der Grösse von grossen Schweizer Kantonen. 1914 wohnte bereits eine Viertelmillion Menschen in Johannesburg. Diese Goldfunde sollten Südafrika für immer verändern.

Als 1866 bei Kimberley Diamanten entdeckt wurden, geriet Südafrika das erste Mal wegen seines Reichtums an Bodenschätzen auch international ins Rampenlicht. Nach der Überlieferung stolperten Johannes Nicolaas und Diederik Arnoldus De Beer auf ihrer Farm über einen Diamanten von über 20 Karat. Der Edelstein wurde später «Eureka» genannt. Was sie nicht wissen konnten, war, dass ihr Landwirtschaftsgebiet genau auf einem erloschenen Vulkankegel stand. Das sollte sich bald ändern. In Kimberley vollzog sich eine dramatische Entwicklung: Das Landstädtlein wurde bald zum Zentrum der globalen Diamantenindustrie mit dem Hauptquartier von De Beers Consolidated Mines. Deren Präsident, Cecil John Rhodes, war gleichzeitig Gouverneur der Kapprovinz. Kimberley wetteiferte in diesen Jahren mit London, hatte sogar früher eine elektrische Strassenbeleuchtung als die britische Metropole. Eine Strassenbahn wurde gebaut und auch ein nobler Klub gegründet. Den führenden Herren im Diamantengeschäft sollte es selbstverständlich an nichts fehlen. Rhodes reiste vorzugsweise in seinem Büro-Salonwagen, der jeweils an den Zug von und nach Kapstadt angehängt wurde. Dieser ist wie zahlreiche Artefakte aus dieser Gründerzeit der Diamantenausbeutung im Kimberley Mine Museum ausgestellt. Nach Rhodes wurden zwei Länder benannt: Nord- und Südrhodesien (heute: Sambia und Simbabwe). Rhodes hatte die Vision eines englisch dominierten (Ost-)Afrika «from the Cape to Cairo».

Rund um die ehemalige Farm der De Beers entstand in wenigen Jahren ein tiefes Loch – das sogenannte Big Hole. Es ist auf einer Fläche von 17 Hektaren und hat einen Durchmesser von 460 Metern. Es ist 240 Meter tief, wobei der Wasserspiegel 170 Meter unter dem Bodenniveau liegt. Zwischen 1871 und 1914 wurden 22,5 Millionen Tonnen Erde bewegt und 14,5 Millionen Karat Diamanten gefördert. Das ist nur ein Bruchteil der heutigen Jahresproduktion von De Beers, wobei zu sagen ist, dass die Minen heute, vor allem in Botswana, um ein Vielfaches grösser und auch die Abbaumethoden vollkommen anders sind. Anstelle von Pickel, Schaufel und Schubkarren gibt es Bagger und Lastwagen, die pro Ladung 100 Tonnen Gestein bewegen.

Noch viel folgenschwerer als die Diamantenfunde am Nordende der Kapprovinz waren die Goldfunde in Johannesburg, die aus Sicht des britischen Empires von der falschen politischen Kraft, nämlich von den Buren, kontrolliert wurden. Das Ausmass des Goldsegens war beträchtlich. Dreizehn Jahre nach der Entdeckung (1886) förderten 85 Minen am Witwatersrand 1899, im Jahr des Ausbruchs des Burenkriegs, 3,94 Millionen Feinunzen Gold. Dies brachte 14 Millionen britische Pfund ein oder 6,3 Milliarden britische Pfund umgerechnet auf das Jahr 2010. Kein Wunder, dass die koloniale Gier geweckt wurde.

Die Entdeckung von Gold am Witwatersrand löste eine Masseneinwanderung von allen möglichen Arbeitssuchenden und Glücksrittern aus, vom Randlord – so hiessen die Minenmagnaten aus London – über den Gaukler oder Berufsboxer aus dem East End bis hin zu schwarzen Wanderarbeitern aus dem Königreich Zululand. Doch die vergleichsweise bevölkerungsarmen Buren dachten nicht daran, den «uitlanders» (Ausländern) das Wahlrecht zu geben. Frustriert durch diese Tatsache unternahmen die Briten einen dritten Versuch, den

Transvaal mit Gewalt einzunehmen. Ein erster Annexionsversuch war bereits 1877 erfolgt und von den Buren abgewehrt worden, bei einem zweiten im Jahr 1881 hatten die Buren die Briten in der Schlacht von Majuba Hills abermals zurückgeschlagen. Angestiftet von Rhodes stiess also Ende Dezember 1895 eine Truppe von 1000 Mann unter dem Chef der südrhodesischen Verwaltung Leander Starr Jameson aus Bechuanaland (dem heutigen Botswana) kommend nach Johannesburg vor, um dort den aufständischen «uitlanders» zu Hilfe zu eilen. Der Coup war jedoch derart dilettantisch organisiert, dass er umgehend scheiterte und Rhodes den Gouverneursposten kostete.

Die Buren unter dem Präsidenten von Transvaal Paul Krüger triumphierten, bedachten aber nicht, dass sie einmal mehr einer Weltmacht auf die Füsse getreten waren. In den Jahren 1896 bis 1899 wanderten zusehends mehr Briten in den Transvaal ein, die Forderungen nach einer Beteiligung an der Macht wurden lauter, doch die Buren blieben hartnäckig. Im Juni 1899 scheiterten letzte Verhandlungen, im September verlangte der britische Premierminister Joseph Chamberlain persönlich das Stimmrecht für Ausländer, am 9. Oktober desselben Jahres erfolgte ein britisches Ultimatum. Zwei Tage später begann der Burenkrieg.

Bedeutend in der Geschichte des 19. Jahrhunderts ist auch das Volk der Zulus, das als einzige Ethnie den Weissen – sowohl den Buren wie den Engländern – empfindliche Schläge beibringen konnte. Wenn man die einheimischen Völker Südafrikas grob charakterisieren möchte, so ist das Wort «kriegerisch» sicherlich eines, das bei der Beschreibung der Zulus nicht fehlen darf.

Wer sich mit den Zulus beschäftigt, kommt um eine Figur nicht herum: Shaka, König der Zulus (1787–1828). In ärmlichen Verhältnissen aufgewachsen bewährte er sich als Krieger von besonderer Tüchtigkeit und gleichzeitig extremer Brutalität. Seine Ruchlosigkeit zeigte sich aber auch in der Politik, wo er missliebige Gegner ohne viel Federlesens pfählen liess. Als General revolutionierte er die Kriegführung, indem er den langen Wurfspeer durch einen Kurzspeer ersetzte, der zum Stechen und nicht zum Werfen eingesetzt wurde. Berühmt wurde auch seine «bull horn»-Formation – an sich ein militärischer Klassiker, bei dem man dem Gegner von der Flanke aus in den Rücken fällt. Die südafrikanische und auch die afrikanische Geschichtsschreibung ist sich alles andere als einig in der Beurteilung von Shaka. Für viele weisse Historiker war er ein blutrünstiges Monster, für etliche schwarze Autoren ein Held. Unbestritten ist hingegen die Tatsache, dass Shaka gemäss dem in Südafrika gebräuchlichen Sprichwort umkam: «Who lives by the sword, dies by the sword.» Er wurde von seinem Halbbruder Dingane erstochen.

In der Geschichte der Afrikaaner stehen die Zulus gleichzeitig für den schrecklichsten Verrat. Der Treckburenführer Piet Retief verhandelte im Februar 1838 mit dem Zulu-König Dingane über den Kauf von Land inklusive des Hafens von Durban. Alles schien bestens unterwegs zu sein und in der angenehmen Atmosphäre forderte Dingane Retief und seine Männer auf, die Waffen zum gemütlichen Beisammensein abzulegen. Als dies geschehen war, liess er Retief und seine ganze Delegation umbringen. Diese Vertrauensunwürdigkeit der Zulus behielten die Buren lange im Gedächtnis.

Der andere Markstein im kollektiven Gedächtnis der Buren ist der Sieg im Rachefeldzug gegen diese Untat: die Schlacht am Blutfluss vom 16. Dezember 1838. Der Burenführer Andries Pretorius führte eine Truppe von nicht einmal 1000 Mann an den Ncome River, wo die Buren eine Wagenburg errichteten, um die Zulus zum Angriff zu provozieren. Die Gegner waren zwar numerisch übermächtig – die Schätzungen gehen von 10 000 bis 20 000 Mann aus –, doch technisch und taktisch waren die Buren überlegen. Zum einen hatten sie Feuerwaffen, zum anderen postierten sie die besten Schützen zuvorderst, während die durchschnittlichen Talente zum Nachladen der Gewehre eingesetzt wurden. So mussten die Zulus nach dem Verlust von 3000 Männern – im Gegensatz zu drei verletzten Buren – die Waffen strecken. Es heisst, dass sich das Flusswasser ob all der Leichen und Verletzten rot verfärbte – deshalb Blutfluss. Da die Buren in einem Gebet vor der Schlacht besonders gottgefälliges Verhalten geschworen hatten für den Fall eines Sieges, wurde der errungene Sieg nun als Zeichen Gottes gedeutet, namentlich auch als Hinweis, zum «auserwählten Volk» zu gehören. Im Apartheid-Südafrika war der 16. Dezember ein Feiertag – «The Day of the Covenant». Auch im neuen Südafrika ist er ein Feiertag, nunmehr jedoch im Geist der Versöhnung der Ära von Nelson Mandela: «The Day of Reconciliation».

Wie später im Burenkrieg hatten die Engländer im Anglo-Zulu War von 1879 einen schlechten Auftakt. Auslöser war die Aufforderung des britischen Hochkommissars von Natal, Sir Bartle Frere, an den Zulu-König Cetshwayo, sein Heer aufzulösen. Cetshwayo weigerte sich. Frere entsandte ein Infanterieregiment, das bei Isandlwana fast vollständig aufgerieben wurde. Gründe für das Debakel waren die lausige britische Aufklärung im Vorfeld sowie die kluge Angriffstaktik der Zulus. Nur die nahe Versorgungsstation Rorke's Drift konnte von einer kleinen verschworenen Mannschaft gehalten werden, die am Schluss fast bis zur letzten Kugel ausgeschossen war. Einer der Helden, die in Rorke's Drift überlebten, war der Burgdorfer Korporal Schiess, der als einziger Schweizer einen der höchsten militärischen Orden im Britischen Empire erhielt: das Victoria Cross. Doch lange konnte er die Auszeichnung nicht geniessen: Auf der Überfahrt nach Europa verstarb er an einer Krankheit und erhielt eine Seebestattung.

Wie auch später die Buren auf noch viel blutigere Weise erfahren mussten, fordert niemand ungestraft ein Weltreich heraus. Frei nach dem Motto «The Empire strikes back» entsandten die Engländer neue Truppen, zerstörten die Zulu-Hauptstadt Ulundi, vertrieben den Zulu-König Cetshwayo aus Natal und zerstörten diese Monarchie in ihrer bisherigen Form zugunsten einer Stärkung der Rolle von 13 Chiefs. Diese Vorgehensweise passte bestens in die von den Engländern auch auf dem indischen Subkontinent praktizierte Politik des Divide et impera.

Im Sinne eines kurzen Ausblicks: Die kriegerische Tradition der Zulus wurde im 20. Jahrhundert – diesmal aber ausschliesslich im schwarz-schwarzen Kontext – fortgesetzt. Nach 1980 tat sich in KwaZulu-Natal ein Graben auf zwischen den traditionalistischen Zulus in ländlichen Gegenden, die der Inkatha-Freiheitspartei (IFP) anhingen, und den Anhängern des damals noch stark kommunistisch orientierten African National Congress, die vorab in städtischen Townships rekrutiert wurden. Die verfeindeten Parteien lieferten sich Wochenende für Wochenende sowohl im heimatlichen KwaZulu-Natal wie auch im Township-Gürtel rund um Johannesburg Feuergefechte, die Dutzende von Toten forderten. Dabei fielen nicht nur ein paar Pistolenschüsse, sondern die Magazine der Kalaschnikows wurden leergeschossen. Diese Bluttaten forderten in rund 20 Jahren über 20 000 Tote.

Viele der Konflikte des 20. Jahrhunderts in Südafrika hatten ihren Ursprung im 19. Jahrhundert. Dass sich aus dem britisch-burischen Antagonismus aber ein Vernichtungskrieg entwickeln sollte, der in vielerlei Hinsicht ein Vorspann zum Ersten und Zweiten Weltkrieg werden würde, war nicht vorauszusehen. Der Burenkrieg war für Südafrika eine Katastrophe mit Langzeitwirkungen, die wesentlich über das Jahr 1948 – Wahlsieg der Nationalen Partei – hinausreichten.

# DER BURENKRIEG
# ALS TRAUMA UND ZÄSUR

Für den Burenkrieg gibt es eine ganze Reihe von Begriffen. In Südafrika wurde zunächst unterschieden zwischen dem Ersten (1881) und dem Zweiten Burenkrieg (1899–1902). Doch die Dimension der Ereignisse von 1881 – Schlacht von Majuba Hill – war derart unbedeutend im Vergleich zum Krieg um die Jahrhundertwende, dass sich dafür der Begriff «Boer War» (Burenkrieg) durchsetzte. Die Afrikaaner wiederum sprechen vom «Tweede Boereoorlog» oder auch vom «Tweede Vryheidsoorlog». Dass die Engländer dasselbe Ereignis «Anglo-Boer War» nennen, darf nicht weiter erstaunen. Im heutigen Südafrika wird der Konflikt politisch korrekt als «South African War» bezeichnet, was zu Recht damit begründet wird, dass Schwarze ebenfalls gewaltige Opfer erlitten hatten. In diesem Buch halten wir uns konsequent an den im Deutschen gebräuchlichen Begriff «Burenkrieg».

Bei der Betrachtung des Burenkrieges sollte nicht vergessen werden, dass die beiden vorangegangenen Jahrzehnte noch klar zum «Scramble for Africa» gehörten, also zu den Anstrengungen der europäischen Kolonialmächte, noch verbleibende «weisse Flecken» auf der afrikanischen Landkarte unter sich aufzuteilen. 1868 besetzten die Briten Basutoland in den Drakensbergen. 1884 annektierten die Deutschen Damaraland

Abb. 12: In der Guerillaphase des Burenkriegs sabotierten die Buren die Infrastruktur des Landes, etwa mit der Sprengung der Brücke im Bild.

Der Burenkrieg als Trauma und Zäsur

Abb. 13: Blick auf das heutige südliche Afrika.

Abb. 14: Das südliche Afrika am Ende des kolonialen Zeitalters.

Der Burenkrieg als Trauma und Zäsur

und Namaqualand, das heutige Namibia, ein Jahr später behändigten die Briten Bechuanaland – das heutige Botswana. Dass in diesem Schachspiel die beiden Burenrepubliken zuoberst auf der englischen Wunschliste standen, ist klar. Ebenso klar hätte aber sein müssen, dass hier mit einem ganz anderen Widerstand zu rechnen war als im Fall der Gebiete mit eingeborener afrikanischer Bevölkerung.

Es war eine Mischung zwischen der sprichwörtlichen Sturheit der Buren gepaart mit Selbstüberschätzung angesichts vergangener Siege, die dazu führte, dass Präsident Paul Krüger auch angesichts eines Ultimatums aus London nicht bereit war, über eine Verbesserung der Situation der «uitlander», der vielfach britischstämmigen Ausländer, zu verhandeln.

In der Tat hatte sich das Empire in den Scharmützeln und Konflikten zwischen 1877 und 1895 schlecht vorbereitet, unterbewaffnet, unterbemannt und strategisch wie taktisch unbedarft gezeigt. Und in die gleiche Richtung ging auch der britische Einstieg in den Krieg: Die Briten zahlten ein hartes Lehrgeld für die Tatsache, dass sie zu früh und zu schlecht bewaffnet in den Krieg eintraten.

Generell zeigte sich in Südafrika, was sich immer wieder in der britischen Geschichte gezeigt hat: Wer immer London herausforderte, wurde mit der Tatsache konfrontiert, dass das Vereinigte Königreich den Krieg führte und gewann – egal zu welchen Kosten. 80 Jahre später war dies genau gleich. In Whitehall berechnete 1981 niemand den Wert der Falklandinseln, die soeben durch die argentinische Junta besetzt worden waren. Der Fall war klar: Den argentinischen Generälen musste eine Lektion erteilt werden. Im Fall des Burenkriegs hiess dies, dass der Einsatz von rund 500 000 britischen Soldaten über eine Dauer von drei Jahren gegenüber von 88 000 Mann, die aufseiten der Buren kämpften, keinen Zweifel am Ausgang der militärischen Auseinandersetzung liess. Bei Kriegsausbruch – und hierin zeigt sich eine bemerkenswerte Parallele zum Ersten Weltkrieg – wusste aber weder die eine noch die andere Seite, wie hoch der Preis wirklich sein würde.

Grundsätzlich kann der Burenkrieg in drei Phasen unterteilt werden:

1. die Offensive der Buren: Oktober bis Dezember 1899,
2. die Gegenoffensive der Briten: Januar bis September 1900 und
3. der Guerillakrieg: September 1900 bis Mai 1902.

Die dritte Phase sollte sich als die für die Buren verhängnisvollste erweisen.

Zu Kriegsbeginn hatten die Buren einen beträchtlichen Vorteil, konnten sie doch sehr schnell sogenannte Kommandos bilden. Dabei handelte es sich um Milizen, die aus einer bestimmten Gegend, z. B. einer Stadt, organisiert wurden. Das heisst, dass sich diese Männer in der Regel recht gut kannten. Die Kommandos waren unterschiedlich gross, je nach der Grösse des Rekrutierungsorts, ihre Bürgersoldaten schnell und flexibel auf ihren Pferden und vor allem extrem motiviert, ihre Heimat zu verteidigen. Nur die burische «Staatsartillerie» war wie eine normale Armee organisiert mit einheitlichen Uniformen und allem, was dazugehört. Bei den burischen Milizen gab es keine einheitliche Uniform. Jeder General hatte sein eigenes Tenue, ebenso die normalen Soldaten.

In der ersten Phase des Burenkriegs war das Glück eindeutig aufseiten der Buren. In moderner Geschäftssprache ausgedrückt hatten sie den «first-mover advantage», indem sie

Präventivschläge gegen die britischen Garnisonen von Lady-smith, Mafeking und Kimberley in Natal bzw. der Kapkolonie ausführten und gleichzeitig zu einer Belagerung der drei Städte ansetzten. Darüber hinaus gelangen ihnen Gegenschläge gegen britische Versuche, die drei Belagerungsringe zu sprengen, und in der Folge gewannen sie eine Reihe von grösseren Feldschlachten: Talana Hill in den Natal Midlands machte am 10. Oktober 1899 den Auftakt.

Dies war nur die erste einer ganzen Reihe von Niederlagen der Briten, die in der sogenannten Black Week zwei Wochen vor Weihnachten 1899 ihren Höhepunkt fanden: Zwischen dem 10. und dem 15. Dezember 1899 schlugen die Buren die Briten in nicht weniger als drei Schlachten.

- Stormberg (10. Dezember): General Sir William Gatacre wollte mit einem Angriff im Morgengrauen die von den Buren besetzte Eisenbahnkreuzung Stormberg in der nordöstlichen Kapkolonie befreien. Die Expedition wurde aber so dilettantisch vorbereitet und ausgeführt, dass die Buren nicht nur unbeschadet blieben, sondern auch noch 600 Kriegsgefangene machen konnten. Erst am 5. März 1900 konnte Gatacre Stormberg besetzen – nachdem sich die Buren zurückgezogen hatten.
- Magersfontein (11. Dezember): Ähnlich schlafwandlerisch wie Gatacre lief General Lord Methuen ins Verderben. Er hatte den Auftrag, den Belagerungsring um Kimberley zu sprengen und wusste zwar um Positionen der Buren am Modder River, doch auch er verpasste die Chance für eine vernünftige Aufklärung. Die Buren hatten sich nämlich nicht in den Hügeln verschanzt, sondern stattdessen am Fuss der Hügel, wo sie auf die Infanteristen der High-

land Brigade warteten. Die britische Artilleriebarrage auf die Krete verfehlte somit ihre Wirkung total. Gleichzeitig wurde auf britischer Seite die fatale Entscheidung getroffen, die burischen Stellungen in einer Schützenlinie anzugreifen statt in einer Kolonnenformation. Dies blieb angesichts der zielgenauen Buren nicht ohne Folgen. Die Briten verloren 239 Soldaten, weitere 663 wurden verwundet. Bei den Buren waren 87 respektive 149 Opfer zu beklagen.

- Colenso (15. Dezember): General Sir Redvers Buller war verantwortlich für ein noch grösseres Desaster als Gatacre in Stormberg und Methuen in Magersfontein. Er hatte den Auftrag, die Stadt Ladysmith in den Natal Midlands zu befreien und entschied sich zur Erreichung dieses Ziels für einen Frontalangriff auf die Stellungen der Buren am Tugela-Fluss. Einmal mehr war eine unzureichende Aufklärung Ursache für das nachfolgende Desaster. Schon der Auftakt der Schlacht war eine Katastrophe: Bullers Artillerie galoppierte auf die Stellungen zu und befand sich schon beim Absatteln im grössten Feuergefecht, wobei die eingegrabenen Buren für die Briten nicht sichtbar waren. Ähnliches widerfuhr der Infanteriebrigade Bullers. Hier hatte es ebenfalls keine Aufklärung gegeben und auch sie marschierte im vollen Tageslicht nichtsahnend auf die burischen Stellungen zu und musste sich unter schweren Verlusten zurückziehen. Bullers Verluste bei einer Streitmacht von 20 000 Mann beliefen sich auf 145 Tote und 1200 Verwundete oder Vermisste. Die 8000 Buren verloren acht Mann und hatten 40 Verletze zu versorgen. Bullers Artillerie (zehn Geschütze) fiel in die Hand der Buren.

Stormberg, Magersfontein und Colenso demonstrierten auf eingängige Weise, dass sich der britische Löwe – nicht unverschuldeterweise – eine blutige Nase geholt hatte. Der Handlungsbedarf war offensichtlich. Die Buren nutzten diese initialen Siege aber nicht konsequent. Sie setzten nicht auf ihre Stärke als ausgezeichnete, schnelle, flexible und auf ihren Pferden äusserst mobile Schützen, sondern engagierten sich stattdessen in mehreren grossen Belagerungen, die für die Briten zwar unangenehm waren, diesen aber gleichzeitig die Zeit gaben, für Nachschub an Material und Truppenverstärkungen aus Kapstadt und Durban zu sorgen. Mit anderen Worten, die Zeit arbeitete für die Briten.

Die berühmteste Belagerung war diejenige der Stadt Mafeking an der Grenze zum Transvaal, die am 13. Oktober 1899 mit 6000 Buren unter General Piet Cronjé begann. Zuständig für die Verteidigung der Stadt war der spätere General und damalige Oberst Robert Baden-Powell. Hierfür rekrutierte der spätere Gründer der Pfadfinderorganisation zwei Regimenter von insgesamt 1200 Mann, darunter auch im grossen Stil Schwarze, obwohl dies eigentlich verboten war. Diese waren zwar meist nicht direkt an der Front, spielten bei der Verteidigung der Stadt aber eine wichtige Rolle als Schützen oder als Helfer hinter der Frontlinie. Sol Plaatje, Lehrer und erster ANC-Präsident, führte über diese Zeit ein Tagebuch, in dem er auch beschrieb, wie die Belagerten in der Not beginnen mussten, Pferde zu schlachten und zu essen.

Die zweite Phase des Burenkriegs, die britische Gegenoffensive, kam erst mit der Zeit ins Rollen und war in vielerlei Hinsicht langwierig und opferreich. Erst nach 118 Tagen der Belagerung gelang General Buller die Befreiung von La-

Abb. 15: Oberst (später Generalleutnant) Robert Baden-Powell war Kaval-
lerieoffizier. Berühmt wurde er im Burenkrieg als Stadtkommandant von
Mafeking. Zwischen Oktober 1899 und Mai 1900 hielt die Stadt der Belagerung durch die Buren stand. Baden-Powell setzte für rückwärtige Dienste
sehr extensiv Jugendliche ein. Aus dieser Erfahrung entstand die Pfadfin-
derbewegung, die Baden-Powell gründete und ab 1910 vollamtlich führte.
Die Stadt hiess ursprünglich Mafikeng, im Burenkrieg Mafeking, seit dem
frühen 20. Jahrhundert wieder Mafikeng und seit 2010 Makikeng.

Der Burenkrieg als Trauma und Zäsur

dysmith. In der entscheidenden Schlacht von Tugela Heights kamen 7000 britische Armeeangehörige ums Leben. Dieses klägliche Abschneiden der britischen Truppen hatte auch personelle Konsequenzen. Das Oberkommando in Südafrika wurde Buller entzogen und an General Lord Roberts übergeben, der verschiedene Positionen auf der obersten Führungsebene neu besetzte und auch neue schuf. Die wichtigste oder besser gesagt die folgenreichste Berufung nach Südafrika war die Ernennung von Lord Kitchener als Stabschef, der zuvor den Feldzug im Sudan mit enormer Härte geführt hatte. In Südafrika operierte er insbesondere in der dritten Phase des Burenkrieges in erbarmungsloser Weise.

Zwischen Januar und September 1900, in der zweiten Phase des Burenkrieges, konnten die Buren zwar immer wieder Teilerfolge erzielen. Aber das Blatt begann sich zu wenden. Inzwischen hatten die Briten in Südafrika über 180 000 Mann unter Waffen, weit mehr als doppelt so viele wie die Buren. Am 11./12. Juni 1900 – nach der Schlacht am Diamond Hill – fiel Pretoria. Präsident Krüger und seine Regierung setzten sich in den Osttransvaal ab. Die Generäle Roberts und Buller brachen am 26. August auch diese letzte Verteidigungslinie vor der Hauptstadt des Transvaals auf.

Doch anstatt zu kapitulieren und Friedensverhandlungen aufzunehmen, floh Krüger nach Portugiesisch Ostafrika, ins heutige Moçambique – mit fatalen Konsequenzen. Aufgrund dieser politischen Verantwortungslosigkeit nahm nun die burische Generalität das Szepter in die Hand. Dabei offenbarte sich die Problematik einer Bürgerarmee ohne eine zentrale und straff geführte Kommandostruktur: Die militärische Führung bestand aus einer Reihe von vierschrötigen Individualisten, von denen sich keiner dem anderen unterordnen wollte, und sie entschied sich für eine Fortsetzung des Krieges als Guerillakrieg. Damit konnten die Buren durchaus einige Anfangserfolge verbuchen. Ende Mai 1900 verloren die Briten in verschiedenen Scharmützeln und Gefechten, die sich aus Überfällen der Buren ergeben hatten, 1500 Soldaten und ihnen gelang es nicht, die erfolgreichsten Burengeneräle – Jacobus De la Rey und Christiaan de Wet – dingfest zu machen. Doch bei allen Nadelstichen, welche die Buren den Briten in dieser Guerillakriegsphase zufügen konnten, fehlte es ihnen an einer übergeordneten Strategie.

Nicht so aufseiten der Briten. Diese begannen, sämtliche strategisch wichtigen Punkte wie Brücken, Bahnhöfe usw. mit «blockhouses», einer Art Bunker auszurüsten. Dies war zwar eine personalintensive Form der Verteidigung, doch waren die auf diese Weise verstärkten strategischen Knotenpunkte fortan sicher. Eine Reihe anderer Massnahmen zur Eindämmung des Guerillakriegs war aber wesentlich folgenreicher. Bereits während der Phase der konventionellen Kriegführung hatten die Briten begonnen, Kriegsgefangene bis hinauf zum General zu deportieren. General Piet Cronjé wurde z.B. nach der Niederlage in der Schlacht bei Paardeberg nach St. Helena verbracht. Darüber hinaus betrieb Lord Kitchener mit brutaler Härte eine Politik der verbrannten Erde. So brannten britische Truppen systematisch Farmen nieder, erschossen das Vieh und versalzten die Böden. Dadurch erhofften sie sich eine allmähliche Zermürbung des burischen Kampfgeistes, insbesondere ihrer Anführer.

Aber auch dieses Mittel führte zu keinem schnellen Erfolg. So entschied Kitchener, als er im November 1900 das

Oberkommando von Lord Roberts übernahm, Alte, Frauen und Kinder in sogenannte Konzentrationslager zu internieren. Der Begriff «Konzentrationslager» stammt aus dieser Zeit bzw. aus diesem Konflikt. Auf dem ganzen Territorium des heutigen Südafrika, vor allem aber in den beiden früheren Burenrepubliken, errichteten die britischen Truppen ein dichtes Netz von 98 Konzentrationslagern, unterteilt in solche für Weisse und andere für Schwarze. Insgesamt 154 000 Personen wurden in diesen Lagern interniert. Dabei war die Gefangenschaft an sich nicht das Schlimmste. Ernährung, medizinische Versorgung und sanitäre Verhältnisse waren derart miserabel, dass über 26 000 Frauen und Kinder dahingerafft wurden.

Statistiken haben ergeben, dass in den Konzentrationslagern für Weisse 25 Prozent der internierten Kinder an Epidemien starben. Die Erkrankung an Typhus und Masern war die häufigste Todesursache. Weitaus weniger genau ist das Bild über die Situation der 107 000 schwarzen Lagerinsassen. Hier führte man wesentlich weniger genau Buch, was per se schon viel über das Verhältnis zwischen Schwarz und Weiss aussagt.

Die für eine zivilisierte Nation ungewöhnlich brutale Art der Kriegführung erfuhr erst eine leichte Linderung, als sich in Grossbritannien Widerstand regte. Die britische Sozialarbeiterin Emily Hobhouse führte im Auftrag des South African Women and Children's Distress Fund ausführliche Besuche in verschiedenen Konzentrationslagern durch und sah dort extreme Beispiele von Unterernährung und Unterversorgung. Der liberale Oppositionspolitiker und spätere Premierminister David Lloyd George griff das Thema auf und protestierte gegen diese, wie er zu Recht sagte, «Barbarei». Doch die Briten reagierten nur langsam auf die katastrophalen Berichte aus

Abb. 16: Konzentrationslager der Engländer für die Kriegsgefangenen der Buren (v. a. Frauen, Kinder und alte Menschen).

Der Burenkrieg als Trauma und Zäsur

Südafrika. Im November 1901 rang sich der zuständige Kolonialminister, Joseph Chamberlain, schliesslich zum Handeln durch. Er instruierte General Alfred Milner, durch geeignete Massnahmen dafür zu sorgen, die Sterblichkeit in den Lagern zu senken, was diesem schliesslich auch gelang.

Die Opferbilanz des Burenkriegs ist eindrücklich. Die Gesamtzahl der Todesopfer betrug 75 000. Davon waren 22 000 Briten und Alliierte, 6000 Buren (Soldaten), 27 000 burische Zivilisten (in den Konzentrationslagern) und 20 000 Schwarze kamen auf dem Schlachtfeld oder im Konzentrationslager ums Leben. Der Krieg kostete auch 300 000 Pferden das Leben. Namentlich die Engländer trieben diese Verluste in die Höhe durch unsachgemässe Behandlung der Tiere: Statt ihnen nach der Ausladung in Kapstadt oder Durban erst einmal etwas Akklimatisierung zu gönnen, beluden die Soldaten die Tiere mit viel zu viel Material oder preschten ohne Rücksicht auf Verluste los in Richtung Oranje-Freistaat oder Transvaal.

Der Burenkrieg kostete die Engländer an die 200 Millionen Pfund. Dies sind umgerechnet auf das Geld unserer Tage 350 Milliarden Pfund – eine gigantische Summe. Die Buren bezahlten für ihren Mut bzw. Übermut, das britische Reich herauszufordern, aber noch viel mehr. Zehntausende von Toten waren zu beklagen, Zehntausende von Farmen waren zerstört. Ein Volk war am Boden.

Als Sieger in diesem Konflikt zeigten sich die Engländer erstaunlich grosszügig. Die Buren erhielten eine Wiederaufbauhilfe von 3 Millionen Pfund, umgerechnet auf heutige Verhältnisse also eine Milliardensumme. Bereits im Friedensschluss von Vereeniging (31. Mai 1902) wurde den Buren eine gewisse Autonomie in Aussicht gestellt. Leer gingen hingegen die Schwarzen aus. Die Briten sicherten vertraglich zu, dass das Stimm- und Wahlrecht Weissen vorbehalten bleiben sollte. Eine Ausnahme war die Kapkolonie, wo nicht weisse Landbesitzer abstimmen bzw. wählen durften.

Trotz dieses für die Buren positiven Ergebnisses hatte der blutige Konflikt zwei negative Auswirkungen mit einer Langzeitwirkung von fast 100 Jahren: Erstens eine sture Ablehnung von allem Britischen und Internationalen seitens der Afrikaaner-Nationalisten, die dann im Jahr 1948 die Macht im Staat übernahmen. Das noch grössere Drama war aber Folgendes: Zarte Anfänge einer politischen Emanzipation der Schwarzen und Farbigen, wie etwa das qualifizierte Stimmrecht in der Kapkolonie, wurden mit dem Vertrag von Vereeiniging (1902) und der Gründung des modernen Südafrika, der Union of South Africa (1910) zunichtegemacht. Damit war der nächste Konflikt in der südafrikanischen Geschichte programmiert. Die politische, wirtschaftliche und soziale Emanzipation der Schwarzen sollte Südafrika während des ganzen 20. Jahrhunderts beschäftigen. Und ein Ende dieses Prozesses ist auch im neuen Jahrhundert nicht abzusehen. Theoretisch hätte es keinen Grund gegeben, weshalb sich die Briten von den Buren eine härtere Gangart gegen die Schwarzen aufzwingen liessen.

Der Burenkrieg erhielt in Europa und Nordamerika grosse Aufmerksamkeit. Speziell in Frankreichs Zeitungen wurden die Engländer und ihre Kriegsführung in Südafrika scharf kritisiert. Es blieb aber nicht beim Interesse: Zahlreiche Freiwillige aus Deutschland, Frankreich, Irland, Kanada, den Niederlanden, Polen, Russland und Skandinavien reisten nach Südafrika und schlossen sich den Milizen der Buren an. Die Motive waren je nach persönlicher Optik antibritisches Engagement oder militärische Abenteuerlust. Einige Teilnehmer am Burenkrieg kamen später zu grossen nationalen Ehren oder gar zu Weltruhm. Bei der Schlacht bei Spioen Kop war z. B. General Louis Botha dabei, der in der Union of South Africa der erste Premierminister werden sollte, Mahatma Gandhi, Bahrenträger in der Sanität, spielte eine Schlüsselrolle im indischen Unabhängigkeitskampf und Winston Churchill war als Kriegsberichterstatter vor Ort. Von allen Ausländern im Burenkrieg hatte Churchill nachher die aufregendste Geschichte zu erzählen.

Er war im Oktober 1899 als Kriegsberichterstatter nach Südafrika gereist und geriet bereits einen Monat später in Natal beim Angriff eines Burenkommandos auf einen britischen Aufklärungstrupp in Kriegsgefangenschaft. Er wurde nach Pretoria übergeführt, wo ihm schliesslich die Flucht aus dem Kriegsgefangenenlager gelang. Ohne ein Wort Afrikaans zu sprechen, schlug er sich bis zur Bergbaustadt Witbank durch, erhielt dort Hilfe von einem Bahnangestellten, der ihn auf einen Güterzug schmuggelte. So fuhr Churchill als blinder Passagier durch den ganzen Osttransvaal und über die Grenze ins heutige Moçambique – damals eine portugiesische Kolonie – in die Hauptstadt Lourenço Marques (heute Maputo). Von dort schiffte er sich nach Durban ein, wo er umgehend wieder seine Tätigkeit als Kriegskorrespondent aufnahm.

Seine abenteuerliche Flucht – die Buren setzten eine Prämie von 25 Pfund auf seine Festnahme aus – war ein grosses Thema in der britischen Presse. Daran war er selbstredend nicht unschuldig. Nach einer kurzen Periode als Berichterstatter im Burenkrieg kehrte Churchill im Sommer 1900 nach Grossbritannien zurück. Im Oktober wurde er für den

Abb. 17: Der junge Winston Churchill nahm als Kriegsberichterstatter an der ersten Phase des Burenkriegs teil. Im November 1899 wurde er in Estcourt (Natal) von einem Burenkommando verhaftet und in Pretoria als Kriegs-gefangener interniert. Von dort floh er nach Moçambique, bestieg dort ein Schiff und ging umgehend wieder an die Front. Dies machte ihn in England zum Helden. Das Bild zeigt ihn in General Bullers Hauptquartier.

Wahlkreis Oldham ins Unterhaus gewählt. Er war auch gemäss eigener Deklaration «a young man in a hurry». Bemerkenswert war übrigens auch seine Ansage gegenüber einer der Personen, die ihm bei der Flucht geholfen hatten. Ganz unbescheiden sagte er: «One day I will be Prime Minister.»

# NACH DEM BURENKRIEG UND VOR DER APARTHEID

Wie bereits angedeutet, gehört es zu den gröberen Irrtümern zu meinen, die Rassendiskriminierung, die in Südafrika unter dem Namen «Apartheid» weltweit bekannt wurde, sei eine Erfindung der Buren, die nach deren Wahlsieg 1948 implementiert wurde. Weit gefehlt. Genauso wie die Schwarzen und Asiaten bzw. allgemein gesprochen die Einheimischen in den nord- und schwarzafrikanischen und asiatischen Kolonien der Europäer diskriminiert wurden, wurden sie dies in Südafrika. Zwar hatten die Nichtweissen unter den Briten (Kapkolonie/ Natal) Ende des 19. Jahrhunderts einzelne Emanzipationsschritte erreichen können, doch waren sie den Briten auch wiederum nicht wichtig genug, als dass sie sie in den Friedensverhandlungen mit den Buren hätten durchsetzen wollen. Diese Fortschritte in der Chancengleichheit für die Schwarzen wären sicher zu retten bzw. durchzusetzen gewesen, doch war der Wille dazu offenbar nicht stark genug.

Eines der schlimmsten diskriminatorischen Gesetze, der Natives Land Act, stammt von 1913. Dieses Gesetz schrieb vor, dass die Nichtweissen – damals und bis zum Ende der Apartheid nannte man sie «natives» (Eingeborene) – kein Land besitzen durften ausserhalb von speziell zugeteilten «reserves» (Reservaten). «Natives» ist übrigens im südafrikanischen Englisch ein diskriminierendes Wort für Schwarze im Gegensatz zum amerikanischen Englisch, wo «native American» die politisch korrekte Bezeichnung für die Indianer ist. Die für Reservate designierte Fläche der gesamten Union of South Africa betrug nur 7 Prozent der Fläche des gesamten Staates (etwa 30-mal so gross wie die Schweiz). Diese «Reservate» befanden sich zumeist auf nicht besonders wertvollem Land, das eher für eine Subsistenzlandwirtschaft geeignet und in den meisten Fällen weitab von grossen Zentren war. Eine Ausnahme waren die stadtnahen Townships, die in den 1930er-Jahren geschaffen wurden, damit man wirklich nicht mehr Schwarze in der Stadt hatte als unbedingt nötig (zumeist waren dies Dienstmädchen und Gärtner).

Mit diesem Gesetz wurden die Schwarzen faktisch vom privaten Landerwerb und Landbesitz ausgeschlossen. In den Stammesgebieten waren nämlich die Chiefs, also die traditionellen Führer, die Herren über die Landnutzung und Landverteilung. Obwohl das Gesetz nicht überall gleich strikt angewandt wurde – einzelne weisse Landbesitzer verpachteten Land an schwarze Landarbeiter –, war das Prinzip klar: Nur Weisse waren Landbesitzer. 1936 wurde das Gesetz revidiert. Nun wurde der für die Schwarzen reservierte Anteil an Südafrika von 7 Prozent auf 14 Prozent erhöht (Native Trust and Land Act). Am Prinzip änderte dies aber gar nichts.

Abgesehen vom Land Act gab es eine ganze Reihe weiterer Gesetze, die ganz offensichtlich nur geschaffen wurden, um die Vorrangstellung der Weissen zu untermauern bzw. eine Emanzipation der Schwarzen zu verhindern. Dazu gehörten auch die Passgesetze. Der Begriff «Pass» ist für die mit der südafrikanischen Geschichte nicht Vertrauten irreführend.

Die Pässe für Schwarze waren nicht etwa Reisepässe, wie wir sie kennen. Sie waren vielmehr Überwachungsdokumente, die ihren Ursprung in den 1760er-Jahren hatten, als die nicht weissen Sklaven in der Kapkolonie mittels eines Passes beweisen mussten, dass sie nicht vor ihrem Besitzer auf der Flucht waren.

Genau genommen war die sogenannte «Mineral Revolution», die riesigen Diamanten- und Goldfunde im 19. Jahrhundert, der Punkt in der Geschichte Südafrikas, an dem das Fundament für die Apartheid gelegt wurde. Der riesige Bedarf an Arbeitskräften wurde zu grossen Teilen aus dem Ausland oder aus entfernten Gegenden Südafrikas gedeckt, da die einheimische Bevölkerung – sowohl in Kimberley wie auch am Witwatersrand – längst nicht ausreichte, um die anfallende Arbeit zu bewältigen. Der Zustrom der Arbeitskräfte aus allen Himmelsrichtungen wurde sorgfältig nach Rassen getrennt untergebracht, was wiederum als Anfang der Segregation gesehen werden kann. Auch im Minenumfeld mussten die Schwarzen Pässe mit sich tragen, um zu beweisen, dass sie sich gesetzeskonform in Kimberley oder in Johannesburg aufhielten.

Was sich im ausgehenden 19. Jahrhundert ohne grosses theoretisches und staatsrechtliches Fundament entwickelt hatte – d.h. die Segregation –, wurde im 20. Jahrhundert – und zwar lange vor der eigentlichen Apartheidära – formalisiert. Der Natives Urban Areas Act von 1923 legte fest, dass sich eine schwarze Person nur dann in weissen Wohn- und Gewerbequartieren aufhalten durfte, wenn sie da auch eine Anstellung vorweisen konnte (wohlgemerkt in einer dienenden oder zuliefernden Position). Versuche, wenigstens besser ausgebildete Schwarze von dieser Diskriminierung auszunehmen, wie dies das von der Regierung beauftragte Godley Committee gefordert hatte, schlugen fehl. Diese Kommission untersuchte die Ursachen der Streiks gegen die Passgesetze von 1919. Ihre Vorschläge zur Verbesserung der Situation der Schwarzen verhallten indes ungehört, da sich die Regierung auf den Support der weissen Arbeiterschaft abstützte. Von einer Solidarität innerhalb der Arbeiterschaft war keine Rede. Schwarz und Weiss gingen getrennte Wege.

Die Ursprünge der schwarzen Townships, der Quartiere, Stadtteile oder eigenständigen Ortschaften, in denen nur Schwarze wohnten, gehen auf die Anfänge des 20. Jahrhunderts zurück. Der älteste Teil Sowetos, Klipspruit, wurde 1904 gegründet. Soweto steht für South Western Townships (gegründet 1934) und liegt – wie der Name sagt – am Südwestzipfel von Johannesburg. Eine Ausnahme in der Segregationspolitik bildete die Township Alexandra im Nordosten Johannesburgs. Alexandra war eine eigentliche schwarze Enklave in der «weissen» Stadt Johannesburg und wurde mit der Straffung der Segregationspolitik nur deshalb toleriert, weil es bereits 1904 gegründet worden war und die Umsiedlung von Zehntausenden von Einwohnern kompliziert und teuer geworden wäre, jedenfalls noch viel mühsamer, als dies im Fall von Sophiatown (Johannesburg) oder District Six (Kapstadt) der Fall gewesen war. Dort nahmen die Stadtbehörden die grossen Kosten für den Abriss des Viertels, die Umsiedlung und den Neuaufbau deshalb in Kauf, weil hier erfolgreiche multikulturelle Sozialbiotope entstanden waren. Und das wollte die Apartheidregierung nicht tolerieren.

Ein anderes Instrument zur besseren Durchsetzung der Segregationspolitik – einmal mehr unter der anglofonen Dominanz und vor dem Wahlsieg der Nationalen Partei – war der Slums Act von 1934. Dies war ein klassisches Willkürgesetz, das dem Staat das Recht gab, irgendein Gebäude oder einen Stadtteil als «Slum» zu bezeichnen und ohne weitere bürokratische Massnahmen, d. h. ohne jeglichen Rechtsschutz zu schleifen.

Die erste dominante Kraft im neu gegründeten Staat Südafrika, in der Südafrikanischen Union, wurde 1919 die South African Party (SAP) von Louis Botha. Sie versuchte, die anglofonen Südafrikaner und die gemässigten burischen Südafrikaner zu vereinen. Die Versöhnungsphase – wohlverstanden unter den Weissen – dauerte indes nicht lange. Bereits 1914 verabschiedete sich die Nationale Partei unter Barry Hertzog aus der Koalition. 1924 verlor die SAP die Macht, weil, wie man vermutete, deren Entscheidungsträger, allen voran General Jan Smuts, 1922 die Rand Revolt, einen Generalstreik weisser Arbeiter in der Bergbauindustrie, niedergeschlagen hatten. Bei dieser Militäraktion gegen die Streikenden waren 153 Arbeiter ums Leben gekommen und über 650 verletzt worden. Von 1924 bis 1933 war dann eine Koalitionsregierung bestehend aus Afrikaaner-Nationalisten (Buren) und der Labour-Partei an der Macht. Dieses «Pact Government» hörte sehr genau auf seine (weisse) Wählerschaft und trieb aus diesem Grund die Segregationspolitik voran.

General Smuts feierte 1934 ein Comeback an der Spitze der von der SAP zur United Party mutierten führenden politischen Kraft in Südafrika und stand der Koalitionsregierung mit der Nationalen Partei von Barry Hertzog vor, die unter dem Namen Fusion Government bekannt wurde. Die Wählerschaft verlangte in dieser Zeit der wirtschaftlichen Depression nach Einigkeit in der politischen Führung der Weissen. Von Anfang an wurde diese Koalitionsregierung jedoch nicht von allen Afrikaanern mitgetragen. Daniel François Malan, der spätere Begründer der Apartheid, gründete die rechte Splittergruppe Gesuiwerde Nasionale Party (Gesäuberte Nationale Partei). Aber auch das Fusion Government selbst war keineswegs so fusioniert, wie der Name suggerierte. 1939 entschied General Smuts, dass Südafrika an der Seite von Grossbritannien in den Krieg eintreten würde, ohne vorher Hertzog zu konsultieren. Hertzog verliess mit seinen Getreuen die Regierung und Smuts regierte in einer Minderheitssituation.

Jan Christiaan Smuts (1870–1950) war einer der Burenführer, der die Grösse hatte, das Trauma des Burenkriegs zu überwinden und der massgeblich am Neuanfang und an der Versöhnung mit den Briten beteiligt war. Er war sowohl an der Formulierung des Act of the Union (Staatsgründung von 1910) wie an den Versailler Friedensverhandlungen 1918 beteiligt. 1919 wurde er zum ersten Mal Premierminister. Als Mann, der als Soldat gross geworden war, kannte er im Fall von Rebellionen nur eine Sprache: die der Gewehre. Smuts ging mit der gleichen Härte gegen illegale schwarze Landbesetzer bei Queenstown vor (Bulhoek-Massaker, 1921: 183 Tote), wie er ein Jahr später den Generalstreik von weissen Bergbauarbeitern (Rand Revolt, 1922: 153 Tote) niederschlug. Sein hartes Vorgehen gegenüber schwarzen Aspirationen behielt Smuts zeitlebens. Auch beim Mine Workers' Strike von 1946, als 70 000 Schwarze in und um Johannesburg streikten, liess er auf Arbeiter feuern. Nach diesem Generalstreik ging übrigens das Wort von der «swart gevaar», der «schwarzen Gefahr» um, was wiederum Wasser auf die Mühlen der Nationalen Partei war im Vorfeld der Wahlen von 1948.

Smuts Politik der harten Hand gegenüber allen emanzi-patorischen Bestrebungen der Schwarzen in Südafrika, von denen noch die Rede sein wird, schadete ihm aber auf der internationalen Bühne nicht. Insbesondere bei den Alliierten war er ein geachteter Staatsmann. Ganz offensichtlich spielte die politische Emanzipation der Schwarzen während und gerade nach dem Zweiten Weltkrieg nicht wirklich eine Rolle. Dies änderte sich jedoch in den Jahren ab 1950, als die Dekolonisation in Afrika begann und das Südafrika der Apartheidära in eine diametral andere Richtung lief.

Wie bereits geschildert wurde, entstand die systematische Diskriminierung der schwarzen bzw. allgemein gesprochen der nicht weissen Bevölkerung lange vor der Apartheidära, die mit dem Wahlsieg der Nationalen Partei im Jahr 1948 ihren Anfang nahm. Ein Beispiel unter vielen war der Natives Land Act von 1913. Interessanterweise führten die Kriege des 20. Jahrhunderts für die Schwarzen, die Farbigen und die Indisch-stämmigen eine verbesserte Situation in Bezug auf ihre Emanzipation herbei. Zuerst war dies im Burenkrieg der Fall, wo sowohl die Engländer wie auch die Buren Schwarze einsetzten, in erster Linie allerdings in einer rückwärtigen Funktion als Lastenträger usw. Von Robert Baden-Powell, Kommandant der Briten während der burischen Belagerung von Mafeking, gibt es Fotos, auf denen mehr schwarze Soldaten um ihn herum zu sehen sind als weisse.

Aber auch die beiden Weltkriege waren eindeutig Perioden, in denen eine natürliche Annäherung zwischen Schwarz und Weiss stattfand. Im Ersten Weltkrieg kämpften südafrikanische Truppen unter anderem in Frankreich, im Zweiten Weltkrieg waren die Südafrikaner in Ost- und Nordafrika unter Waffen. In beiden Konflikten wurden schwarze, farbige und indischstämmige Südafrikaner sowohl befördert – zumindest in Unteroffiziersränge bis zum Sergeant – als auch für bravouröse Leistungen mit militärischen Auszeichnungen geehrt. Dies war vollkommen quer zur repressiven Politik in Südafrika selbst. Aber ganz abgesehen von diesen hierarchischen Betrachtungen ist das Militär namentlich in einer Kriegssituation ein Ort, an dem man sich näherkommt, ob man will oder nicht. Unter feindlichem Feuer spielt die Hautfarbe keine Rolle mehr, denn jeder ist auf den anderen angewiesen. Die in ihrem Heimatland getrennt lebenden Südafrikaner verschiedener Hautfarbe wurden unter der gleissenden Sonne von El Alamein plötzlich zu Waffenbrüdern. Ja, sogar an der Heimatfront hatte der Krieg seine Auswirkungen. Während des Zweiten Weltkriegs wurden auf einmal die Passgesetze nicht mehr oder mindestens nicht mehr konsequent durchgesetzt.

All diese Entwicklungen waren den Afrikaaner-Nationalisten zutiefst zuwider. Sie waren sowohl im Ersten wie im Zweiten Weltkrieg gegen die Kriegführung an der Seite der Briten. Dass formell nach wie vor der englische König Staatsoberhaupt der Südafrikaner war, kümmerte sie dabei wenig. Für die Afrikaaner waren die Briten in erster Linie und vor allem die Schuldigen an den Gräueln des Burenkriegs. Die Konzentrationslager, in denen derart viele Frauen und Kinder starben, waren noch in frischer Erinnerung und das Ressentiment gegen alles Britische sass zu tief in der Volksseele der Afrikaaner. All diejenigen, die so dachten, begannen, sich besser zu organisieren und erhielten immer mehr Zulauf.

Die Erstarkung der Afrikaaner beruhte aber nicht nur auf einer kollektiven Mobilisierung der antibritischen Gefühle mit

Blick auf den Burenkrieg. Sie hatte ebenso stark zu tun mit einer Rückbesinnung auf die eigenen Stärken, konkret auf den Mythos des Grossen Treck. Träger dieses Gedankenguts waren schwergewichtig die Mitglieder des Broederbond und der aus ihm herausgewachsenen Federasie van Afrikaanse Kultuurvereniginge, die Föderation der afrikaanssprachigen Kulturvereinigungen. Der Broederbond (Bruderbund) wurde 1918 unter dem Namen Jong Suid-Afrika (Junges Südafrika) als geheime Organisation zur Förderung der Sache der Afrikaaner gegründet. Staatsangestellte durften zu dieser Zeit nicht Mitglied werden, insofern war der Einfluss des Broederbond auf die Nationale Partei in den 1920er-Jahren gering. Umso grösser war hingegen der Einfluss des Broederbond auf die von Daniel François Malan 1934 gegründete Gesuiwerde Nasionale Party.

Nach deren Wahlsieg im Jahr 1948 wurde der Broederbond zur zentralen Organisation für das politische «power brokerage». Speziell im Südafrika von Premierminister Hendrik Verwoerd (1958–1966) kam niemand unter den Afrikaanern mehr am Broederbond vorbei. Hier wurden politische Karrieren vorbereitet. Aber auch wer es in der Wirtschaft oder im akademischen Leben zu etwas bringen wollte, war gut beraten, sich einige Paten im Broederbond zu sichern.

Für all diejenigen, für die der Broederbond zu wenig radikal war, wurde 1938 die Ossewabrandwag gegründet. Der Name bedeutet «Ochsenwagen-Wache» und spielt auf den Ring von Ochsenwagen an, welche die Voortreker – die Teilnehmer am Grossen Treck – zu Verteidigungszwecken aufstellten. Die Ossewabrandwag war eine paramilitärische Organisation mit offenen Sympathien für Nazideutschland, die auch vor Anschlägen in Südafrika nicht zurückschreckte. Aus diesem Grund wurden etliche Mitglieder während des Zweiten Weltkriegs interniert. Die Gruppierung war wegen ihrer Radikalität nicht besonders einflussreich. Balthazar Johannes «John» Vorster, immerhin ein späterer Präsident Südafrikas, war Mitgründer und treibende Kraft bei dieser Bewegung. Überdies war er ein General im paramilitärischen Flügel von Ossewabrandwag.

Die Afrikaaner erreichten ihren Aufstieg also als Folge ihrer Mobilisierung durch die Rückbesinnung auf die Erfolge im 19. Jahrhundert – der Grosse Treck als Symbol für die Stärke des «auserwählten Volks». Einigkeit erreichten sie auch durch eine prononciert antienglische Haltung sowie – und davon wird noch ausführlich die Rede sein – durch einen harten Kurs in Sachen Rassentrennung und Unterdrückung der schwarzen Bevölkerung. Die Erringung der Macht im Jahr 1948 mag ein Zittersieg oder ein Zufall gewesen sein. Die Tatsache, dass die Nationale Partei bis 1994 an der Macht blieb, war keiner. Auch die anglofonen Südafrikaner kamen ganz offensichtlich zum Schluss, dass die Buren wohl am besten wissen würden, wie mit den Schwarzen umzugehen sei.

# DIE APARTHEID ALS ANACHRONISTISCHES SYSTEM

Die Geschichte ist keine exakte Wissenschaft, in der man Wenn-dann-Hypothesen verifizieren oder falsifizieren kann. Dennoch wäre es interessant zu wissen, wie sich Südafrika entwickelt hätte, wenn die Afrikaaner 1948 nicht an die Macht gekommen wären. Wie bereits dargestellt wurde, herrschte innerhalb der weissen politischen Elite ein Konsens, wonach die Schwarzen vom politischen System des Landes ausgeschlossen sein sollten, denn schon damals waren die Schwarzen den Weissen zahlenmässig massiv überlegen.

Die Frage ist aber müssig: Es siegte die Nationale Partei, wenn auch mit hauchdünner Mehrheit. Daniel François Malan konnte die Regierung zusammenstellen. Für alle Nichtweissen war dies in der Tat ein grösseres Problem, denn erstens kamen hier Politiker an die Macht, die sich auf die Fahne geschrieben hatten, jeden noch so kleinen Fortschritt, den die Schwarzen erzielt hatten, rückgängig zu machen und die Schwarzen gleichsam «auf ihren Platz» in der Gesellschaft zu verweisen. Und zweitens kamen nun, nach fast einem halben Jahrhundert der Durststrecke, die Kriegsverlierer von 1902 an die Macht, die sich über mehrere Jahrzehnte wieder emporgerappelt hatten. Dass hier beträchtliche Verbissenheit im Spiel war, muss nicht näher begründet werden. Zusammen waren diese beiden

Motivatoren eine toxische Mischung, die ohne Weiteres Jahrzehnte später im Chaos hätte enden können.

Die Nationale Partei gewann die Wahlen von 1948 auf der Grundlage des Sauer Reports. Dieses Thesenpapier war eine geharnischte Reaktion aus der Feder des NP-Exponenten Paul Sauer auf einen Bericht, den die United Party zwei Jahre zuvor beim späteren Bundesrichter Henry Fagan in Auftrag gegeben hatte. Fagan hatte in seinem Bericht sine ira et studio das Verhältnis der Rassen untereinander untersucht und moderate Vorschläge zur Verbesserung der Stellung aller nicht weissen Südafrikaner gemacht. Ganz anders Sauer. Dieser zerzauste die Vorschläge der Noch-Regierungspartei, der United Party, und stipulierte, dass die Rassen in Südafrika strikt zu trennen seien, dass auch mit Farbigen und Indischstämmigen härter umgegangen werden müsse, dass Schwarze von städtischen Gebieten konsequent ferngehalten werden müssten und so weiter.

Mit dieser Haltung sprach die Nationale Partei die weisse Unter- und Mittelschicht an, sowohl die Arbeiterschaft wie das bäuerliche Milieu, denn beide hatten in gleichem Mass Angst vor einer vermeintlichen Überfremdung (Stichwort: die schwarze Gefahr). Offensichtlich hatten die Afrikaaner-Nationalisten die richtigen Saiten angeschlagen: Am 26. Mai 1948 siegte die Nationale Partei Malans in Listenverbindung mit der Afrikaner Party von Nicolaas Christian Havenga mit einer Mehrheit von fünf Parlamentssitzen und nicht einmal 40 Prozent der abgegebenen Stimmen.

Das Problem der Nationalen Partei war, dass sie die Idee einer konsequenten Rassentrennung zur Ideologie hochstilisierte und deren Umsetzung mit missionarischem Eifer betrieb. Dies traf sicher auf Premierminister Daniel François Malan zu, einen promovierten Theologen, Pfarrer und Journalisten. Noch viel mehr war dies aber der Fall bei Hendrik Verwoerd. Dieser hatte bei seinen Studien in Deutschland (1924–1928) nationalsozialistisches Gedankengut kennengelernt, was sicher eine Erklärung ist für seinen geradezu religiösen Eifer, die Schwarzen an «ihren Platz» in der Gesellschaft zu verweisen. Als Minister für Eingeborenenfragen (1950–1958) fühlte er sich so richtig im Element und auch in den nachfolgenden acht Jahren als Premierminister tat er alles, um die Schwarzen unter strikter Kontrolle zu halten.

Verwoerd war ein Paradebeispiel für die als paternalistisch deklarierte, in Tat und Wahrheit aber zutiefst rassistische Grundhaltung der Regierung. Unter dem Label «separate development» taxierte man die Schwarzen als den Weissen von Natur aus unterlegen und nur beschränkt entwicklungsfähig. So war denn auch sonnenklar, dass man wesentlich weniger für ihre Schulbildung ausgab als für diejenige der weissen Kinder. Die Tatsache, dass man den schwarzen Kindern während Jahrzehnten nur eine zweit- bis drittklassige Ausbildung zugestand, empörte Nelson Mandela – bei aller Bekenntnis zur Versöhnung – bis ins hohe Alter.

Kaum im Amt entwickelte die Apartheidregierung von D. F. Malan eine schon fast hektisch anmutende Legifierierungstätigkeit. Ziel all dieser neuen Gesetze war es einerseits, die Grundlage für eine möglichst effiziente Unterdrückung der Schwarzen zu schaffen und anderseits eine Handhabe zu bieten, um sämtliche «Verfehlungen» der Vorgängerregierungen – etwa eine zu zurückhaltende Praxis in der Bekämpfung der schwarzen Zuwanderung in die Städte – zu korrigieren. Wie schon erwähnt hat aber die Apartheidregierung die Diskriminierung nicht erfunden. Eine grosse Weiche wurde nach dem Burenkrieg gestellt, als die Afrikaaner durchsetzen konnten, dass die Schwarzen ausserhalb des politischen Prozesses bleiben würden. Und wie bereits erwähnt war der Natives Land Act von 1913 eigentlich ein Gesetz, das genau in die Apartheidzeit hineingepasst hätte.

Malans und Verwoerds erster Streich war der Population Registration Act (1950). Dieses Gesetz bestimmte, dass die gesamte Bevölkerung in Bezug auf ihre ethnische Zugehörigkeit registriert werden musste. Was in vielen Fällen zu keinen Diskussionen Anlass gab, war gerade im Fall von Mischlingen oder leicht dunkelhäutigen Weissen sehr oft ein Problem. Es kam vor, dass die mit der Klassifizierung betrauten Beamten einzelne Familienmitglieder ethnisch verschieden zuordneten. Schliesslich war dies Jahrzehnte vor der Erfindung der DNA-Analyse … Besonders grotesk mutet aus heutiger Sicht der Bleistifttest an: Wann immer die Apartheidbürokraten nicht wussten, ob jemand rein weiss war oder nicht, steckten sie ihm einen Bleistift in die Frisur – Schwarze haben ja dichtes krauses Haar. Fiel der Bleistift heraus, so wurde jemand als weiss klassifiziert. Haar, in dem das Schreibgerät stecken blieb, gehörte, so der Umkehrschluss, gezwungenermassen einem Schwarzen oder Farbigen. Die Lächerlichkeit dieses Vorgehens muss wohl nicht näher erläutert werden, wurde aber in der damaligen Zeit von den Rassenklassifizierungsbürokraten selbstverständlich nicht als solche wahrgenommen. Ein weiterer Eckpunkt aus der anbrechenden Gesetzgebungsflut der Apartheidära war der Group Areas Act aus dem Jahr 1950. Dieses Gesetz erlaubte die Deportation von Schwarzen aus bestehenden Siedlungen und Quartieren («forced removals»). Dabei handelte es sich um Zwangsenteignungen ohne adäquate Kompensation. Zu-alleroberst auf der Prioritätenliste waren dabei die multikul-turellen Quartiere Sophiatown in Johannesburg und District Six in Kapstadt. Dass hier Menschen verschiedener Hautfarbe Tür an Tür wohnten, am Wochenende zusammen feierten und tanzten, stand quer zur Apartheidideologie. Also wurden hier, ohne Rücksicht auf Verluste, historisch gewachsene Struktu-ren geschleift.

Die Gesetzgeber gingen aber noch weiter − selbst vor der Schlafzimmertür machte der burische Gesetzgebungs- und Regulierungsfuror keinen Halt. Bereits 1927 hatte der Im-morality Act Geschlechtsverkehr zwischen nicht verheirate-ten Schwarzen und Weissen verboten. 1950 wurde das Verbot der sexuellen Tätigkeiten zwischen den verschiedenen Rassen auch auf die Farbigen und Indischstämmigen ausgedehnt. Die Afrikaaner-Nationalisten wollten so die «Reinheit» der weis-sen Rasse aufrechterhalten. Der missionarische Eifer, den die Gesetzgeber bei der Klassifizierung der verschiedenen Rassen an den Tag legten, war natürlich im grössten Mass heuchle-risch. Auf den abgelegenen Farmen hatte es immer wieder gemischtrassige Kinder als Resultat bäuerlicher Untreue gege-ben, insofern war dieser Mythos der «reinen weissen Rasse» nichts weiter als ein Mythos.

Daneben wappneten sich die Apartheidarchitekten auch für den Fall verstärkten Widerstands gegen die neue Ordnung. Der Suppression of Communism Act beinhaltete nicht nur ein Verbot der Kommunistischen Partei. Das Gesetz bzw. die De-finition von Kommunismus war derart schwammig formuliert, dass der Justizminister ermächtigt war, jede Organisation zu verbieten, die sich gegen die damalige Ordnung wehrte. Zudem erlaubte das Gesetz die Verbannung von Personen, die gegen den Staat opponierten, und die Unterdrückung ihres Gedankenguts mit einem Verbot von «subversiven» Schriften.

Ganz besonders folgenschwer war der Bantu Education Act von 1953: Dieses Gesetz brachte sämtliche Schulen Südafrikas unter die Kontrolle der Regierung. Bis dato hatten viele schwarze Kinder eine vergleichsweise gute Schulbildung erhalten aufgrund des Besuchs von Missionsschulen. Indem aber vollkommen klar war, welch minderwertige Ausbildung die Schwarzen ab 1953 erhalten sollten, zogen sich viele Missionsgesellschaften aus dem Schulwesen zurück, denn sie wollten nicht zu Komplizen des Apartheidregimes werden. Auf den Punkt gebracht war das Ziel der Bantu Education, die Schwarzen, denen man ja ohnehin keine besondere Intelligenz zubilligte, zu gefügigen Instrumenten im Apartheidstaat zu machen. Man brachte ihnen gerade genug für eine Stellung als Hilfskraft bei. Verwoerd, ein unglaublicher Eiferer in Sachen Diskriminierung, sagte 1953 in seiner Parlamentsrede zum Bantu Education Act, dass man vor seiner Zeit in den Missionsschulen den «Fehler gemacht habe, den schwarzen Kindern die grünen Weiden der Weissen zu zeigen, auf denen sie so oder so nie grasen dürften». Das sei falsch gewesen, so führte der damalige Minister of Native Affairs weiter aus.

All diese repressiven Gesetze stiessen bei den Schwarzen auf Widerstand verschiedener Intensität, wie noch zu zeigen sein wird. Bemerkenswert war am Anfang der Apartheidära die Tatsache, dass hier eine neue politische Klasse sich minutiös wie die Buchhalter daran machte, eine ganze Gesellschaft umzubauen, obwohl dies in der Sowjetunion und in Nazideutschland verheerende Resultate gehabt hatte.

Bemerkenswert ist sodann Folgendes: Nach dem Zweiten Weltkrieg ertönte in Afrika und Asien unmissverständlich und immer lauter der Ruf nach Emanzipation und Dekolonisation. 1947 erlangte Indien die Unabhängigkeit, gefolgt von einzelnen Staaten in Afrika (Libyen, Sudan, Marokko, Tunesien, Ghana, Guinea) in den Jahren 1951 bis 1958. 1960 wurde zum «afrikanischen Jahr» mit 17 ehemaligen europäischen Kolonien, die unabhängig wurden.

# BEFREIUNGSKAMPF GEGEN DIE APARTHEID BIS ZUM JAHR 1990

Dieses Kapitel befasst sich schwerpunktmässig mit den drei Jahrzehnten von 1960 bis 1990 und mit den drei Schlüsseljahren in der Geschichte des Widerstands gegen die Apartheid: 1960, dem Jahr des Sharpeville-Massakers, 1976, dem Jahr des Schüleraufstands und 1985, dem Jahr, in dem der ANC eine neue Strategie umzusetzen begann: Südafrika unregierbar zu machen. Selbstverständlich hatte aber der Widerstand gegen die Rassendiskriminierung viel früher begonnen, nämlich 1912, mit der Staatsgründung von Südafrika, bei der die Schwarzen keine politischen Rechte erhielten.

Bei der Betrachtung des Burenkriegs sind zwei Aspekte erstaunlich. Erstens, so könnte man sagen, gewannen die Briten den Krieg und «verloren» – ohne Zwang! – den Frieden. Eigentlich hätten sie Südafrika die Bedingungen des Friedensschlusses diktieren können. Zweitens liessen sie sich von den Kriegsverlierern, von den Buren, dazu bringen, auch die zaghaften Errungenschaften in Sachen schwarzer Emanzipation rückgängig zu machen. In der Kapprovinz gab es zwar kein allgemeines Stimm- und Wahlrecht für die Schwarzen, aber immerhin ein qualifiziertes Stimmrecht: Für Nichtweisse, die einen gewissen Ausbildungs- und Besitzstand erreicht hatten, bestand die Möglichkeit, in die Klasse der politisch Emanzipierten aufzusteigen. Mit der Gründung der Union of South Africa war man also gleichsam wieder «zurück auf Feld 1».

Als Reaktion auf die zunehmenden Segregationstendenzen wurde 1912 der African Native National Congress gegründet. 1923 wurde das Wort «native» aus dem Namen der Organisation gestrichen. Der ANC erhielt denjenigen Namen, den er bis heute beibehalten hat. Die Führung des ANC war zumeist in der Hand von etwas besser ausgebildeten Schwarzen wie z. B. Lehrern. Der ANC war damals eine äusserst moderate Bewegung, die Verbesserungen der rechtlichen Situation der Schwarzen in erster Linie durch Gespräche mit der Regierung und über Petitionen anstrebte. Die Organisation war durchaus staatstragend. Als der erste ANC-Generalsekretär Sol Plaatje 1914 mit einer Delegation in London für mehr Rechte lobbyierte, versprach er gleichzeitig, Disziplin zu wahren und die Kriegsanstrengungen des südafrikanischen Staates nicht zu unterminieren.

In der Folge verpufften die Anstrengungen des ANC zur Verbesserung der Lage der Schwarzen nahezu wirkungslos. Diese Ineffizienz ist eigentlich erstaunlich, wenn man bedenkt, dass es auch Organisationen gab, die durch Kampfmassnahmen mehr von sich reden machten und dabei auch einzelne Ziele erreichten. Dies waren die 1919 gegründete Industrial and Commercial Workers Union und das afrikanistische Wellington Movement, benannt nach seinem Gründer Wellington Buthelezi. Im Gegensatz zu späteren Jahrzehnten war der ANC nicht die führende Kraft in der Opposition, sondern eine unter anderen.

Interessant ist die ideengeschichtliche Entwicklung des ANC in den 1920er-Jahren. Auf der einen Seite fand eine Annäherung an die Kommunistische Partei Südafrikas statt, an die Communist Party of South Africa, die sich später umbenannte in South African Communist Party (SACP). Auf der anderen Seite stand der ANC unter seinem Präsidenten John Dube der traditionalistischen Zulu-Bewegung Inkatha sehr nahe. Dies ist deshalb erstaunlich, weil der ANC von Anfang an eine ethnisch neutrale Bewegung war und keine afrikanistische. Dube hingegen konnte der Machtausübung durch traditionelle Führer (Chiefs) viel abgewinnen und war aus diesem Grund auch kein konsequenter Gegner der Segregation. Aus der Perspektive des ANC muss man sich also fragen, ob Dube der richtige Mann war, um die Bewegung zu führen. Der ANC war in jener Zeit – im Gegensatz zu den letzten beiden Jahrzehnten – keine Partei mit einer festen Rolle im politischen Leben Südafrikas. Aus diesem Grund ist die Rede von einer Bewegung bzw. Organisation.

Man könnte so weit gehen und sagen, dass der ANC die 1920er- und 1930er-Jahre als zahnloser Tiger verbrachte, obwohl nicht nur ein oder zwei rassistische Gesetze durch das Parlament verabschiedet wurden, sondern Dutzende. Bemerkenswert ist auch, dass in der Arbeiterschaft – also in der Unterschicht – nahezu keine Solidarität unter den Rassen vorhanden war. Die weissen Arbeiter inklusive der Gewerkschafter sahen die Schwarzen als Konkurrenten, nicht als Kampfgefährten. Eine Ausnahme war diesbezüglich die Kommunistische Partei, die als erste politische Bewegung konsequent auf eine multiethnische Durchmischung setzte, dies auch beim Kader. Bemerkenswert war bei den südafrikanischen Kommunisten die Tatsache, dass überproportional viele Indischstämmige Karriere machten.

Die Kommunistische Partei war in Südafrika keine Massenpartei wie etwa im Nachkriegsitalien, sondern eine kleine, mitgliederschwache Kaderpartei. Ihr Einfluss auf die Politik war (und ist) vielmehr ein indirekter. Verboten durch den Suppression of Communism Act von 1950, gruppierte sich die Kommunistische Partei in den 1950er-Jahren als klandestine Bewegung neu und etablierte 1960 eine formelle Allianz mit dem ebenfalls verbotenen African National Congress (ANC).

Doch zurück zum Anfang der 1940er-Jahre. Hier brauchte es eine Gruppe von «angry young men», um den ANC aus seinem Dornröschenschlaf zu wecken. Diese emporstrebende Führungsgeneration war inspiriert vom Geistesgut des Afrikanischen Nationalismus, einer Denkrichtung, die sich in verschiedenen damaligen europäischen Kolonien entwickelt hatte und vereinfacht gesagt nach dem Leitsatz «Afrika den Afrikanern» politisierte. Dies war aber wie bereits erwähnt nicht das Credo des ANC. Dieser hatte nie zum Ziel, die Weissen, die in vielen Fällen schon seit Generationen in Südafrika ansässig waren, aus dem Land hinauszuwerfen. Was die Bewegung aber sehr wohl und legitimerweise forderte, war politische Gleichberechtigung.

Diese über den politischen Misserfolg ihrer Vätergeneration erzürnten jungen Männer gründeten 1944 die ANC Youth League (ANC-Jugendliga). Drei der wichtigsten Gründerväter waren Anton Lembede (1914–1947), ein Lehrer und Rechtsanwalt aus KwaZulu-Natal, sowie die beiden Rechtsanwälte Nelson Mandela (1918–2013) und Oliver Tambo (1917–1993). Während sowohl Tambo wie auch vor allem Mandela jedem Südafrikakenner bestens bekannt sind, ist Lembede heute praktisch vergessen. Trotzdem hatte er einen beträchtlichen

Einfluss auf die politische Entwicklung des ANC. Er trat für einen massiv härteren Kurs ein, etwa für mehr Militanz im politischen Alltagsleben und für Boykottmassnahmen.

Aus der ANC-Jugendliga heraus kam das 1949 publizierte Programme of Action. Dieses Aktionsprogramm war eine Kampfansage gegen alle Formen der Segregation. Gefordert wurde das Ende der weissen Dominanz. Als neue Mittel im politischen Kampf propagierte die ANC-Jugendliga Boykotte, zivilen Ungehorsam und Streiks. Ein erster Versuch zur Umsetzung dieser militanteren Gangart erfolgte 1952 in der sogenannten Defiance Campaign. Diese Widerstandskampagne wurde gemeinsam vom ANC und vom South African Indian Congress (SAIC) lanciert. Letztere, 1920 gegründete Organisation vertrat die Interessen der Indischstämmigen, die neben ihrer südafrikanischen Heimat – Natal – vor allem im Osttransvaal (die heutige Provinz Mpumalanga) und in der Kapkolonie (die heutigen drei Provinzen Western Cape, Eastern Cape und Northern Cape) lebten.

Südafrikas Inder waren stark von Mahatma Ghandi inspiriert (der übrigens lange in Südafrika gelebt und gearbeitet hatte), von seinen Methoden des gewaltlosen Widerstands und natürlich vor allem vom Erfolg, den die Inder damit gehabt hatten: Indien wurde 1947 unabhängig. Insofern waren die indischstämmigen Südafrikaner nicht bereit, eine konstant zunehmende Diskriminierung hinzunehmen. In der Gegend von Durban beispielsweise wurden sie in ihrem Recht beschnitten, Land zu erwerben.

Der South African Indian Congress vernetzte sich aber nicht nur mit dem ANC, sondern auch mit dem Coloured People's Congress, der Standesorganisation der Farbigen aus dem Westkap und mit dem Congress of Democrats. Letztere Organisation war eine Vereinigung von radikalen Weissen, die sich gegen die Apartheid einsetzte. Kommunisten waren ebenso dabei wie Zeitgenossen, die fanden, dass die Liberalen etwas zu zahnlos waren. Dieser multiethnische Ansatz im Kampf gegen die Rassendiskriminierung in Südafrika war auf dem Kontinent ebenso einmalig wie die politische, wirtschaftliche, soziale und kulturelle Struktur des Landes, die sich mit keinem anderen Land in Afrika vergleichen lässt.

Die Defiance Campaign von 1952 mit ihren Protesten und Boykottaktionen war der Beginn einer neuen Ära des Widerstands in der südafrikanischen Politik. Eine solche Mobilisierung hatte es in den vergangenen Jahrzehnten nicht gegeben. Die Antwort des Apartheidstaats war Repression: Über 8000 Personen wurden vor allem in den grössten Zentren des Widerstands, im Grossraum Johannesburg und im heutigen Eastern Cape, verhaftet. Der African National Congress liess sich dadurch aber nicht entmutigen, im Gegenteil: Der Mitgliederzuwachs war markant. Ganz offensichtlich war eine wachsende Anzahl von Schwarzen bereit, sich tatkräftig und mit allen damit verbundenen Risiken gegen die Unterdrückung zu engagieren. Auf der gesetzgeberischen Seite reagierte der Staat mit dem Criminal Law Amendment Act von 1953, der es ihm erlaubte, jegliche Anstifter von Kampagnen, ohne Weiteres aber auch deren politische Mitläufer ohne grosse Hürden zu verhaften.

Obwohl der Staat versuchte, jegliche Formen der Opposition im Keim zu ersticken, war die Dynamik des Widerstands unverkennbar. Im Juni 1955 fand in Kliptown, einem Ort bei Soweto ausserhalb Johannesburgs, der Kliptown Congress of

People statt. 2844 Delegierte aus allen Teilen der Congress Alliance nahmen teil. Die Congress Alliance war die Dachorganisation aller Parteien, Körperschaften und Gewerkschaften, die sich gegen das Apartheidregime einsetzten. Dies waren der African National Congress, der South African Indian Congress, der Coloured People's Congress, der Congress of Democrats und der South African Congress of Trade Unions. Der Kliptown Congress of People war klar multirassisch in seiner Ausrichtung, was von allen ausser den Afrikanisten getragen wurde. Diese spalteten sich 1959 mit der Gründung des Pan Africanist Congress (PAC) ab, wobei diese Partei nie auf eine namhafte Unterstützung in der schwarzen Bevölkerung kam.

Der Kliptown Congress of People war eine der bedeutsamsten Versammlungen der Apartheidopponenten. Konkretes Ergebnis der Diskussionen war die Formulierung der Freedom Charter, der Freiheitscharta, die das politische Basisdokument für das neue Südafrika ist. Die Charta verlangte gleiche Rechte für alle, unabhängig von Rasse, Farbe oder Geschlecht, ebenso wie die Abschaffung aller Apartheidgesetze und -praktiken. Das Fanal aus Kliptown lautete: «The people shall govern!» − «Das Volk soll regieren!» Hierüber herrschte Konsens. Nicht so hingegen in der wirtschaftspolitischen Ausrichtung des Dokuments. Zwar wurde die Verstaatlichung von Banken und Bergbaugesellschaften gefordert, doch kritisierten Kommunisten und Gewerkschafter die Charta als zu wenig radikal bzw. nicht sozialistisch genug. Aber schliesslich akzeptierten auch die Kommunisten das Dokument, das stipulierte, dass zuerst eine «nationale demokratische Revolution» stattfinden müsse, bevor man an eine sozialistische Transformation denken könne.

Dass der Cliptown Congress of People der Apartheidregierung ein Dorn im Auge war, muss nicht näher erläutert werden. Während er stattfand, fand man offensichtlich keine rechtliche Handhabe, um die Veranstaltung zu schliessen. Die Regierung verklagte aber 156 Anführer der Bewegung im sogenannten Treason Trial. Der Vorwurf lautete, dass die Freedom Charter dazu da sei, den Staat zu untergraben. Mangels Beweisen liess man von allen ausser 30 als besonders gefährlich eingestuften Aktivisten ab – darunter auch Nelson Mandela und Walter Sisulu. Doch auch gegen sie konnte man vorerst nichts unternehmen, da das Oberste Gericht 1961 die Staatsanwaltschaft zwang, die Rechtssache fallen zu lassen.

Mit dem Willen des Staates, den Schwarzen jegliche politischen Rechte zu verweigern, wuchs auch der Widerstandswille seitens der Unterdrückten. 1960 wurde zum Schlüsseljahr in der südafrikanischen Geschichte: das Jahr des Sharpeville-Massakers. Am 21. März, einem Sonntag, fand ein Protestmarsch statt. 5000 bis 7000 Demonstranten protestierten mit einem Marsch zur Polizeiwache von Sharpeville, einer Township bei Vereeniging, gegen die Passgesetze. Nachdem die Menschenmenge einer Aufforderung zur Auflösung der Demonstration nicht Folge leistete, liess der lokale Polizeikommandant mit Maschinenpistolen auf die Demonstranten schiessen. Neunundsechzig Demonstranten, darunter acht Frauen und zehn Kinder, wurden erschossen. Die meisten von ihnen von hinten. Weitere 180 Personen wurden verletzt.

Das Sharpeville-Massaker hatte weitreichende Folgen. Als unmittelbare Reaktion kam es zu Streiks und Boykotten im ganzen Land. Die Regierung reagierte mit der Ausrufung eines Ausnahmezustands. Dies erlaubte es dem Staat, Versammlungen aufzulösen, Menschen zu verhaften und Gebäude zu durchsuchen, ohne dass dafür ein Befehl bzw. eine gerichtliche Autorisierung nötig war. Sodann wurden der African National Congress und der Pan Africanist Congress verboten. Aufseiten der Befreiungsbewegungen war das Sharpeville-Massaker das Schlüsselerlebnis, das zur Aufgabe des gewaltfreien Widerstands und zur Aufnahme des bewaffneten Kampfes führte.

Die Brutalität und Skrupellosigkeit des Polizeieinsatzes hatten aber auch auf der internationalen Ebene ihre Folgen. Der Uno-Sicherheitsrat verurteilte das Land in einer Resolution aufs Schärfste und verlangte das Ende der Apartheid. Seitens des Commonwealth drohte ein Ausschluss. Dies wiederum liess die südafrikanische Regierung unbeeindruckt. Sie hatte sich bereits taub gestellt, als der britische Premierminister Harold Macmillan am 3. Februar 1960 im Parlament seine Wind-of-Change-Rede hielt. Macmillan erinnerte an den «Wind des Wandels», der über Afrika wehe – Stichwort Dekolonisation – und forderte die südafrikanische Regierung zu Reformen auf. Wie man dann wenige Wochen später in Sharpeville sah, dachten die Südafrikaner nicht im Traum daran. Ja, sie gingen noch weiter. Um einem Ausschluss aus dem Commonwealth zuvorzukommen, hielt die Regierung Verwoerd ein Referendum ab, bei dem das Volk mit hauchdünner Mehrheit beschloss, die Bande zu Grossbritannien zu kappen. Der Staat hiess fortan Republic of South Africa.

Nach den Ereignissen von Sharpeville war der ANC eine illegale Organisation und insofern war es seitens der Führung eine konsequente Weiterentwicklung der Strategie, dass man zum Erreichen der politischen Ziele auch Gewalt einzusetzen bereit war. 1961 wurde unter dem Namen «Umkhonto we

Sizwe» (Speer der Nation) der militärische Arm des ANC aus der Taufe gehoben. Federführend bei der Gründung des «MK», wie die Guerillaorganisation genannt wurde, waren mitunter dieselben Personen, die schon die ANC-Jugendliga gegründet hatten, unter ihnen Nelson Mandela und Walter Sisulu. Obwohl es dem ANC und der verbündeten Kommunistischen Partei gelang, in den frühen 1960er-Jahren einige Hundert Personen militärisch auszubilden, waren die Rahmenbedingungen für Einsätze in Südafrika sehr schlecht. Damals grenzte kein einziger Staat an das Land, aus dem heraus man Unterstützung für Infiltrationen von Guerillakämpfern nach Südafrika bekommen hätte.

Besonders schlimm für die Organisation war aber die Tatsache, dass kurz nach der Gründung ein Grossteil der Führungsequipe von den Sicherheitskräften verhaftet und kurz darauf vor Gericht gestellt wurde. Nelson Mandela wurde im August 1962 in Rivonia, einem nordöstlichen Vorort von Johannesburg, verhaftet, und zwar auf einer kleinen Farm, die Umkhonto-Mitglieder als konspirativen Treffpunkt gekauft hatten; seine Mitstreiter wurden ein knappes Jahr später ebenfalls festgenommen. Der nachfolgende Gerichtsprozess, der sogenannte Rivonia Trial, dauerte von Oktober 1963 bis Juni 1964. Angeklagt waren Nelson Mandela, Walter Sisulu, Govan Mbeki (der Vater des späteren Präsidenten Thabo Mbeki), Raymond Mhlaba, Elias Motsoaledi, Andrew Mlangeni, Ahmed Kathrada und Dennis Goldberg.

Staatsanwalt Percy Yutar forderte für die Angeklagten die Todesstrafe. Zum grossen Glück – man muss es an dieser Stelle betonen – wurden sie «nur» zu lebenslanger Haft verurteilt. Das Verteidigungsteam wurde von Rechtsanwalt Bram Fischer angeführt, der kurze Zeit darauf ebenfalls zu einer lebenslangen Haftstrafe verurteilt wurde, weil er Mitglied der Kommunistischen Partei war. Für Nelson Mandela sehr bedeutsam war aber auch ein anderer Rechtsanwalt, der griechischstämmige George Bizos. Als Mandela darauf bestand, das Schlussplädoyer zu seiner Verteidigung selbst zu halten, empfahl ihm Bizos dringend, auf alles zu verzichten, was nach einer Provokation aussehen könnte. Dieses politische Glaubensbekenntnis gehört zu den eindrücklichen Reden des 20. Jahrhunderts. In der ersten Ansprache nach seiner Freilassung am 11. Februar 1990 zitierte Mandela exakt diese Passage:

«I have fought against white domination, and I have fought against black domination. I have cherished the ideal of a democratic and free society in which all persons will live together in harmony with equal opportunities. It is an ideal which I hope to live for, and to see realised. But my Lord, if needs be, it is an ideal for which I am prepared to die.»

Mit anderen Worten ist der Einschub «if needs be» Bizos' Werk. Bizos befürchtete, dass Mandela die Richter zur Verhängung der Todesstrafe animieren würde, falls er zu provokant auftreten würde. Was eine Verurteilung zu lebenslanger Haft in Apartheid-Südafrika für die Betroffenen bedeutete, liest man am besten in Nelson Mandelas Autobiografie *Long Walk to Freedom*. Eindrücklich ist diesbezüglich auch der Ende 2013 erschienene Film des englischen Regisseurs Justin Chadwick *Mandela – Long Walk to Freedom*.

Robben Island, die Gefangeneninsel vor Kapstadt, war in den frühen 1960er-Jahren deshalb ein grässlicher Ort, weil es der Apartheidstaat darauf abgesehen hatte, die politischen Gefangenen durch ein wohldurchdachtes System der psychologischen Kriegsführung langsam, aber stetig zu brechen. Nelson Mandela durfte seine Frau Winnie nur wenige Male pro Jahr durch eine Glasscheibe sehen. Seine Kinder sah er jahrelang gar nicht und der Beerdigung seines Sohnes, der bei einem Autounfall ums Leben gekommen war, durfte er nicht beiwohnen. Weitere Schikanen waren die willkürliche Beschränkung des Briefverkehrs auf wenige Briefe pro Jahr und eine strikte Zensur der Post. Alles, was den Anschein einer politischen Bemerkung hatte, wurde geschwärzt, sodass halbe Briefe unleserlich gemacht wurden.

Daneben gab es Gefängniswärter, die namentlich die schwarzen politischen Gefangenen täglich erniedrigten. Dies begann mit der Anrede als «Boy» oder dem Gebrauch des Schimpfworts «Kaffir» und setzte sich fort im Dreiklassensystem des Zuchthauses. Die Weissen hatten die besten Bedingungen, die Farbigen und Indischstämmigen die zweitbesten und die Schwarzen die schlechtesten. Getreu der damaligen Gepflogenheit, dass hauptsächlich Knaben kurze Hosen trugen, erhielten die schwarzen Gefangenen Shorts, während Farbige und Weisse lange Hosen erhielten.

Nelson Mandela war der Erste, der sich gegen diese kleinen Gemeinheiten und Diskriminierungen zur Wehr setzte. Und dies oft mit Erfolg. Einige Wochen nach seiner Ankunft auf Robben Island war er mit seinem Antrag auf lange Hosen für alle erfolgreich. Neben seiner Beharrlichkeit und Standfestigkeit, wenn es darum ging, sich erfolgreich im eigenen und im Interesse von anderen zu wehren, traf Mandela aber früh eine sehr wichtige Entscheidung: Er lehnte es ab, seine Unterdrücker – in diesem Fall das Gefängnispersonal – zu hassen, wie es umgekehrt bei einigen der Fall war. Stattdessen wollte

Abb. 18: Das Familienleben – eine täuschende Idylle: Nelson Mandela heiratete in seinem Leben dreimal. Die 1944 geschlossene Ehe mit Evelyn Ntoko dauerte 13 Jahre und scheiterte einerseits an Nelson Mandelas ständiger Abwesenheit wegen des Befreiungskampfs, aber auch an Affären. Seine zweite Ehe mit Winnie Madikizela-Mandela (unser Bild) dauerte formell 33 Jahre, wovon er 27 im Gefängnis verbrachte. 1992, zwei Jahre nach seiner Freilassung, wurde die Ehe getrennt und 1996 geschieden. 1998 – an seinem 80. Geburtstag – fand er mit seiner dritten Frau, Graça Machel, ein spätes Glück. Vier Kinder stammten aus seiner ersten Ehe, zwei aus seiner zweiten.

Mandela den Gegner verstehen. Und aus diesem Grund studierte er die Afrikaaner über Jahre. Er lernte Afrikaans – ihre Sprache –, las ihre Literatur und Poesie, studierte ihre Geschichte und begann, ihre Mentalität zu begreifen. Man könnte so weit gehen und sagen, dass dies – insbesondere in den 1980er-Jahren – eine äusserst durchdachte Charmeoffensive war. Mandela signalisierte so seinen Gegnern, allen voran dem damaligen Präsidenten Pieter Willem Botha, dass man durchaus mit ihm reden konnte.

Doch zurück zur Situation nach dem Rivonia-Prozess. Der ANC verfügte über einige Hundert militärisch ausgebildete Kämpfer, die irgendwo in Tansania, Sambia, in London oder zur Fortbildung in der UdSSR oder DDR ein eher tristes Leben fristeten. Für mehr als zehn Jahre konnte Umkhonto we Sizwe keine nennenswerte Wirkung entfalten. Am allerwenigsten hätte man sagen können, dass der MK in irgendeiner Weise staatsgefährdend gewesen wäre. Ein Beispiel: Im Jahr 1967 versuchte ein Trupp von Umkhonto-Kämpfern über rhodesisches Territorium nach Südafrika zu gelangen. Rhodesische Truppen verwickelten die Guerilleros in Gefechte. Präsident Ian Smith forderte in Südafrika Verstärkung an und erhielt diese auch. Das Fazit: Das MK-Kommando erreichte die südafrikanische Grenze erst gar nicht.

Apartheid-Südafrika hatte, mit anderen Worten, durch gezielte Repression einige Jahre der Grabesruhe erstritten. Damit war es im Jahr 1976 mit dem Schüleraufstand von Soweto vorbei. Es war, als ob ein Vulkan darauf gewartet hätte, auszubrechen. Ironie der Geschichte: Es war die Regierung selbst, die federführend war im Auslösen der Unruhen. Der Stein des Anstosses war ein Entscheid von Bildungsminister

Andries Treurnicht, wonach für schwarze Kinder mindestens die Hälfte des Unterrichts in Afrikaans abgehalten werden sollte. Dazu muss man wissen, dass die Kinder in Soweto – wie überhaupt die meisten schwarzen Kinder in Südafrika – gar kein Afrikaans sprachen. Nur in einzelnen Gegenden, wie etwa der Provinz Freistaat, diente Afrikaans und nicht Englisch den Schwarzen als Lingua franca. Dieses Dekret des Bildungsministeriums musste von der schwarzen Bevölkerung zwangsläufig als ultimative Arroganz der Macht verstanden werden.

Die Antwort liess nicht auf sich warten. Am 16. Juni 1976 formierte sich im Ortsteil Orlando von Soweto ein Demonstrationszug von 15 000 Schülerinnen und Schülern, um gegen Afrikaans als Unterrichtssprache zu protestieren. Die Reaktion der Polizei auf diese Protestkundgebung schockiert in ihrer sinnlosen Brutalität noch heute: Die Ordnungskräfte erschossen willkürlich Schüler des Demonstrationszugs. Ein Pressebild wurde bei diesem Massaker weltbekannt: der tote Hector Petersen in den Armen eines verzweifelten Freundes, der ihn trägt. Entgegen einem weitverbreiteten Irrtum war er aber nicht das erste, sondern eines der ersten Todesopfer der Polizei.

Nach dem Massaker an den demonstrierenden Schülern breiteten sich die Proteste explosionsartig im ganzen Land aus und waren sehr lange nicht zu beruhigen. Die Situation eskalierte auf allen Seiten. Während die Polizei nicht zögerte zu foltern, um an die Namen von Rädelsführern heranzukommen, begnügten sich auch die Jugendlichen nicht mehr mit gewaltfreien Formen des Protests, sondern zündeten im Rahmen von Scharmützeln mit der Polizei auch Gebäude, sogar Schulen an. Die Folgeproteste von Soweto 1976 dauerten bis ins Jahr 1978. Bis zum Ende des Jahres 1976 forderten die Unruhen 575 Todesopfer und 2389 Verletzte unter den Jugendlichen, wobei diese Zahlen des Apartheid-Sicherheitsapparats von der Gegenseite als untertrieben angesehen werden.

Die blutige Unterdrückung des Schüleraufstands von Soweto hatte mehrere Folgen. Einerseits trieb die Brutalität der Sicherheitskräfte zahlreiche Jugendliche und junge Erwachsene ins Exil und damit in die Arme des ANC und PAC, was den exilierten, in Südafrika illegalen Befreiungsbewegungen endlich die dringend benötigte Blutauffrischung brachte. Im Landesinneren bekam die Black-Consciousness-Bewegung Auftrieb. Im Unterschied zum multirassisch orientierten ANC knüpfte die Black-Consciousness-Bewegung am afrikanistischen Gedankengut der 1950er- und 1960er-Jahre an mit dem Motto «Afrika den Afrikanern». Mit indischstämmigen Südafrikanern arbeitete Black Consciousness gerade noch zusammen. Weisse hatten in ihren Reihen aber keinen Platz. Auch dann nicht, wenn sie sich gegen das Apartheidregime engagierten. Und auf dem internationalen politischen Parkett hatte sich Südafrika einmal mehr als Unrechtsstaat bekannt gemacht und all jenen Stimmen Auftrieb gegeben, die eine Verschärfung der Sanktionen forderten. Motivierend auf die schwarze Opposition in Südafrika wirkte auch die Tatsache, dass es Angola und Moçambique in kriegerischen Auseinandersetzungen gelungen war, ihre früheren portugiesischen Kolonialherren aus dem Land zu werfen.

Gemäss verschiedenen Interpretationen war die Black-Consciousness-Bewegung massgeblich an der Vorbereitung der Schülerproteste in Soweto beteiligt. Im Gegensatz zum

ANC und PAC war diese Bewegung nicht verboten. Sie konnte also in Südafrika politisch tätig sein, wenn sie auch stärksten Polizeischikanen ausgesetzt war.

Ein Name aus der Black-Consciousness-Bewegung wurde 1977 weltberühmt: der Studentenführer Steve Biko. Er wurde aufgrund seiner politischen Tätigkeit zuerst an der University of Natal und dann im Eastern Cape im August 1977 verhaftet und in Port Elizabeth eingekerkert. Während der Verhöre wurde er so gefoltert, dass er an den Folgen der Misshandlungen starb. Als seine Peiniger annehmen mussten, dass er die Folter nicht überleben würde, wurde er nackt in einem Polizeifahrzeug nach Pretoria transportiert – das sind mehr als 1000 Kilometer. Damit hatte sich das Apartheidregime ein weiteres Mal blossgestellt, auch auf der internationalen Bühne. Die südafrikanische Journalistin und heutige Politikerin Helen Zille enthüllte das furchtbare Geschehen im *Rand Daily Mail*. Der Journalist Donald Woods schrieb ein Buch über Biko und mehrere Grössen der Rockmusik, unter ihnen Peter Gabriel, schrieben Lieder über ihn. Schliesslich setzte der britische Regisseur David Attenborough Biko im aufwühlenden Epos *Cry Freedom* (1987) ein Denkmal.

Die personelle Verstärkung des African National Congress bzw. des militärischen Arms Umkhonto we Sizwe schlug sich nach Soweto 1976 nur sehr bedingt in einer gesteigerten Anschlagstätigkeit nieder. Zwar hatte man nach der Unabhängigkeit von Moçambique (1975) und Simbabwe (1979) nun freundlich gesinnte Nachbarstaaten, die sich als Aufmarschgebiet gegen Südafrika anboten. Infiltrationen und Anschläge gegen Einrichtungen von Wirtschaft, Infrastruktur oder sogar Militär blieben aber weiterhin Hochrisiko-Operationen, die allzu oft mit dem Tod oder der Inhaftierung der ausführenden Akteure endeten.

Sodann führte der Sicherheitsapparat des Apartheidstaats gegen jegliche als feindlich definierte Individuen und Organisationen einen Schmutzkrieg, bei dem nahezu alles erlaubt war. Dies reichte von Hot-Pursuit-Kommandoaktionen von uniformierten Special-Forces-Soldaten in Nachbarländern bis hin zu Mordanschlägen von Geheimdienstangehörigen im In- und Ausland. Bei Hot-Pursuit-Aktionen verfolgten südafrikanische Soldaten ohne Rücksprache mit der dortigen Regierung Menschen über die Grenze hinaus. Sie führten also faktisch einen undeklarierten Krieg auf fremdem Staatsgebiet. Typisch für das Vorgehen der damaligen Sekurokraten war etwa die Ermordung der ANC-Aktivistin Ruth First in der mosambikanischen Hauptstadt Maputo im Jahr 1982: Sie erhielt eine mit einem Absender der Vereinten Nationen versehene Briefbombe, die sie in ihrem Büro an der Universität Maputo öffnete.

Sehr beliebt bei den Sicherheitskräften war aber auch die Arbeit mit Informanten. In den meisten Fällen wurden diese nicht freiwillig zu Verrätern an ihrer eigenen Organisation, sondern durch den systematischen Einsatz von Foltermethoden, manchmal noch ergänzt durch Drohungen mit Gewalt gegen ihre Angehörigen. Berüchtigt für das «Umdrehen» von Aktivisten war etwa die weitgehend autonom operierende Sondereinheit der Polizei, die auf einer Farm namens «Vlakplaas» ausserhalb von Pretoria ihr Hauptquartier hatte. Hier wurden systematisch Anti-Apartheid-Aktivisten gefoltert und ermordet. Barbarisches Detail: Die Leichen verbrannte man auf riesigen Holzfeuern hinter der Farm, während man im

Abb. 19: Der auf einem Segelboot abgelichtete Spion Craig Williamson war ein notorischer Killer und Bombenbauer. Namentlich in den 1980er-Jahren lieferte sich das Apartheidregime mit den Befreiungsbewegungen einen Schmutzkrieg, in dem sich die Kontrahenten an keinerlei Regeln hielten. Williamson, mit Übernamen «Superspy», präparierte auch Brief- und Paketbomben.

Garten einen «Braai» – ein Grillfest – mit ausgedehntem Sauf-gelage abhielt.

Die Befreiungsbewegungen respektierten die Menschen-rechte aber keineswegs mehr als der Apartheidstaat: Namentlich in den Ausbildungscamps im ländlichen Angola kam es ebenfalls zu systematischer Folter, schwerer Körperverletzung, Vergewaltigung und Mord. Führend bei diesen Gewaltmass-nahmen gegen echte oder vermeintliche Verräter oder Über-läufer waren auch mehrere spätere Minister in Nelson Man-delas Kabinett inklusive des heutigen Präsidenten Jacob Zuma, der ab 1987 die Position des Geheimdienstchefs des ANC in-nehatte.

In den frühen 1980er-Jahren kam es im Kampf gegen die Apartheid zu einem Strategiewechsel. Da der bewaffnete Kampf gegen das Regime keinerlei Wirkung zeigte, formierte sich an der internen Front der Widerstand neu, und zwar auf viel breiterer Basis als bisher. 1983 entstand die United De-mocratic Front (UDF). Dies war ein breit gefächertes, äusserst heterogenes Oppositionsbündnis, das aus kirchlichen, sozialen und politischen Organisationen sowie aus Gewerkschaftern bestand. Gemeinsam waren allen Mitgliedern die Ablehnung des Apartheidstaats und die Berufung auf die Prinzipien der Freedom Charter von 1953. Einigkeit herrschte auch in der Ablehnung des sogenannten Trikameralen Parlaments: Die Regierung von Präsident Pieter Willem Botha hatte nach ei-nem Referendum (unter den Weissen) den Farbigen und In-dischstämmigen ebenfalls eine eigene Parlamentskammer ge-geben, was das Hauptproblem Südafrikas – den Ausschluss der Schwarzen aus der Politik – natürlich nur noch zementierte. Unter dem Einfluss der Gewerkschaften bewegte sich die ursprünglich überparteiliche Bewegung bald einmal prononciert in Richtung links. 1985 hatte die UDF schon beachtliche Kräfte gesammelt, sodass sie erfolgreiche Bus- und Abgabenboykotte, Schulproteste und Streiks organisieren konnte. Gleichzeitig konnte sich die Bewegung von ihren ursprünglichen, mitgliederstarken Stützpunkten im Transvaal und im Eastern Cape nach Natal und ins Westkap ausbreiten, sodass man nun in den bevölkerungsreichsten und wirtschaftlich stärksten Landesteilen gut aufgestellt war.

Aus der UDF heraus wurde in den Monaten September bis November 1984 die sogenannte Vaal Triangle Uprising organisiert. Dies war im Wesentlichen ein Protest gegen die Erhöhung von Gebühren und Abgaben seitens der Lokalverwaltung, deren Repräsentanten als Marionetten der Apartheidregierung angesehen und auch angefeindet wurden. Sowohl diese Lokalpolitiker selbst, ihre Häuser wie auch Regierungsgebäude waren das Ziel von gezielten Attacken. Schliesslich versuchte die Regierung P. W. Bothas in einem Akt der Verzweiflung wieder Herrin der Lage zu werden und rief den Ausnahmezustand aus. Dies zeigte nicht zuletzt, wie dramatisch die Regierung die Lage wirklich einstufte. Der Ausnahmezustand wurde zwischen 1985 und 1990 jedes Jahr erneuert.

Genau das, was ANC-Präsident Oliver Tambo am 10. Oktober 1984 in einer Radiobotschaft aus dem Exil postuliert hatte, war also zumindest Teilwirklichkeit geworden: «To make the country ungovernable.» In der Tat liess sich der Geist, der aus der Flasche entwichen war, nicht mehr einfangen. Die Situation im Alltag des Apartheidstaates war aber noch wesentlich komplizierter.

Besonders schlimm am Karussell von Gewalt und Gegengewalt, das Township-Aktivisten und Sicherheitskräfte nun immer schneller laufen liessen, war die Tatsache, dass jegliche Hemmschwellen bezüglich Gewaltanwendung fallengelassen wurden. Genauso wie die Armee und Polizei bei ihrem Ordnungsdienst in den Townships notfalls erst schossen und dann Fragen stellten, gingen die Aktivisten mit bestialischer Brutalität gegen jeden vor, den sie der Kollaboration mit den Sicherheitskräften verdächtigten. Berühmt-berüchtigt wurde das sogenannte Necklacing, das Anlegen der «Halskrause». Dabei wurde dem gefesselten Opfer ein alter Autoreifen um den Nacken gelegt, dieser mit Benzin gefüllt und angezündet. Bis zum Eintreten des Todes vergingen qualvolle Minuten, während der die Peiniger das Opfer verhöhnten, sofern sie nicht vor der Polizei flüchten mussten.

Winnie Mandela, die zweite Frau des späteren Präsidenten Nelson Mandela, wurde nicht müde, diese Barbarei unter ihren Anhängern zu propagieren. Und ihre Gefolgschaft in den Townships war nicht zu unterschätzen. Während der Anhörungen der Wahrheits- und Versöhnungskommission gut zehn Jahre danach zeigte sie ostentativ keine Reue über dieses äusserst grausame Vorgehen.

Viele Südafrikainteressierte im Ausland nahmen damals nicht richtig zur Kenntnis, dass in der numerischen Betrachtung nicht etwa der Kampf zwischen Schwarz und Weiss, zwischen den Befreiungsbewegungen und den Apartheid-Sicherheitskräften der opferreichste war. Diesen traurigen Rekord setzte vielmehr der Konflikt zwischen den Anhängern von African National Congress und Inkatha. Der ANC vertrat mit seinem multirassischen Ansatz den Standpunkt, die Ansprüche aller Südafrikaner, unabhängig von Hautfarbe, Religion und Geschlecht, zu vertreten. Damit waren zwar nicht alle schwarzen Südafrikaner einverstanden, doch konnten kleine Splitterparteien ohnehin nichts gegen den übermächtigen ANC ausrichten.

Anders war dies bei der Inkatha. In den 1920er-Jahren als kulturelle Organisation für Zulus begründet, wurde die Inkatha unter der Führung von Mangosuthu Buthelezi ab Mitte der 1970er-Jahre immer mehr zu einer politischen Partei umfunktioniert. Gespräche über eine Zusammenarbeit zwischen ANC und Inkatha, die Oliver Tambo 1979 in London mit Buthelezi führte, endeten ergebnislos. Buthelezi lehnte den Führungsanspruch des ANC als Befreiungsbewegung ab. Da er sowohl gegen den bewaffneten Kampf (des ANC) wie auch gegen die Sanktionen westlicher Industriestaaten gegen Südafrika war, war an eine Einigung nicht zu denken. Buthelezis Problem war aber Folgendes: Während er und die Inkatha in KwaZulu-Natal über einen respektablen Rückhalt verfügten, war die Unterstützung für die Organisation ausserhalb des klassischen Stammesgebiets der Zulu nur noch im Grossraum Johannesburg gegeben, wo Hunderttausende von Zulus als Wanderarbeiter ein Einkommen fanden.

Was von aussen in der oberflächlichen Betrachtung mehr als nur abstrus aussieht, ist in der Detailanalyse äusserst komplex. Tatsache ist aber, dass – mehr oder weniger zeitgleich mit Oliver Tambos Marschbefehl zum Unregierbar-Machen der Townships – die niederschwellig schon immer vorhandene Gewaltbereitschaft in KwaZulu-Natal wie auch im Grossraum Johannesburg offen ausbrach. In den Jahren 1985 bis 1994 forderte der Konflikt zwischen ANC und Inkatha in

KwaZulu-Natal jährlich bis zu 1500 Tote, weitere 1000 kamen am Witwatersrand bei Johannesburg dazu. Auch die ersten demokratischen Wahlen vom 27. April 1994 konnten die Gewalt nicht gänzlich stoppen. Weshalb dieser Konflikt derart eskalierte, ist schwer zu sagen. Sicher gab es die Rivalität zwischen den verschiedenen Führungspersönlichkeiten. Aber auch sich bekämpfende Gegensätze wie das städtisch Moderne versus das ländlich Konservative spielten eine Rolle, Clanrivalitäten und nicht selten auch kriminelle Gewalt – etwa Fehden unter Minitaxibetreibern.

Sowohl für die Anhänger des ANC wie auch der Inkatha gab es sogenannte No-go-Areas: Gebiete, die man als Anhänger der falschen Partei oder Gruppe nur auf eigene Gefahr betrat, weil eine grosse Chance bestand, nicht lebend aus ihnen herauszukommen. Die Zusammenstösse zwischen den verfeindeten Parteien liefen bürgerkriegsähnlich bis barbarisch ab: Nicht nur die Maschinenpistole vom Typ Kalaschnikow AK-47 war im Einsatz, sondern auch traditionelle Waffen wie der Zulu-Spiess und das Knobkerrie – ein Stock aus Hartholz, der in einem kugelförmigen Knauf endet und mit dem man ohne Weiteres einen Schädel einschlagen kann. Auch gewöhnliche Beile und Macheten wurden bei Strassenkämpfen, aber auch bei Überfällen auf Unschuldige benutzt.

Neben diesen meist blutigen Ereignissen an der Front entwickelten aber zwei bedeutende Hintergrundprozesse ihre eigene Dynamik. Zum einen war es der Druck von aussen, der sich in massiv verschärften Sanktionen gegen das Apartheidregime äusserte und sich nicht zuletzt in der unaufhaltbaren Erosion der Kreditwürdigkeit des südafrikanischen Staats widerspiegelte. Zum anderen reifte aufseiten von Apartheidregime,

Grossindustrie und auch beim ANC die Erkenntnis, dass es so vielleicht doch nicht mehr weitergehen konnte.

Beginnen wir mit dem Druck aus dem Ausland. Das Chaos in den Townships und die Repression der Apartheidregierung (Stichwort: Ausnahmezustand ab Juli 1985) waren der Auslöser für eine massive Verschärfung der Handelssanktionen, die in einzelnen Bereichen seit den frühen 1960er-Jahren bestanden (Waffenembargo) und die faktisch gar nichts gebracht hatten. 1985 beschlossen die USA, der Commonwealth, die Europäische Gemeinschaft, Frankreich, die skandinavischen Staaten und Japan je nach Kampfgeist der jeweiligen Regierung – und Stärke der Anti-Apartheid-Bewegung vor Ort – alle möglichen Sanktionsmassnahmen von Handelsembargos für Informationstechnologie bis hin zu einem Verbot jeglichen Handels mit Südafrika (Schweden).

Einen mindestens ebenso grossen Schock dürfte am 31. Juli 1985 die Entscheidung der damaligen Chase Manhattan Bank (heute fusioniert zu J. P. Morgan Chase) ausgelöst haben, einen kurzfristigen Kredit an die südafrikanische Regierung nicht in einen langfristigen umzuwandeln, wie dies lange Jahre üblich gewesen war. Damit löste sie eine Kettenreaktion aus. Südafrika war sowohl bei den langfristigen wie bei den kurzfristigen Krediten massiv verschuldet bzw. überschuldet. Die langfristigen Darlehen beliefen sich auf 11 Milliarden Rand, die kurzfristigen auf 7 Milliarden. Hinzu kamen langfristige Schulden der öffentlichen Körperschaften von 11,6 Milliarden und kurzfristige von 660 Millionen. Der Privatsektor wiederum stand mit 7,4 Milliarden an langfristigen Verpflichtungen und 40,3 Milliarden an kurzfristigen Krediten in der Kreide. Nach dem negativen Signal der Chase Manhattan

Bank weigerten sich Dutzende von Instituten, Südafrika, seinen öffentlichen Körperschaften oder seinem Privatsektor zusätzliche Kredite zu gewährleisten. In dieser Krise stellte sich der frühere Schweizer Nationalbankpräsident Fritz Leutwiler zur Verfügung, im Auftrag der südafrikanischen Regierung mit 330 Banken über eine Umschuldung der südafrikanischen Verpflichtungen zu verhandeln, was ihm nach einigen Monaten auch gelang.

Niemand hatte ein Interesse daran, Südafrika im Chaos untergehen zu lassen, am allerwenigsten die westlichen Demokratien. Ganz abgesehen davon ist der «Nationalcharakter» der Afrikaaner nicht von der Art, auch bei groben Schwierigkeiten gleich zu kapitulieren (Stichwort: Guerrillaphase im Burenkrieg). Die Idee, dass man die Regierung der nationalen Partei mit Sanktionen hätte in die Knie zwingen können, ist historisch unrealistisch gewesen.

Es soll an dieser Stelle nicht vergessen werden, dass im Jahr 1985 der Kalte Krieg noch nicht zu Ende war. Zwar übernahm der Reformer Michail Gorbatschow im März 1985 den Posten des Generalsekretärs des Zentralkomitees der Kommunistischen Partei der Sowjetunion. Aber erstens war es noch alles andere als sicher, dass er mit seinen Reformen reüssieren würde, und zweitens wollte Gorbatschow im Rahmen seiner Glasnost (Öffnung) und Perestroika (Umbau) weder den Kommunismus noch die Sowjetunion abschaffen. In dieser geopolitischen Konstellation wären weder Washington noch London bereit gewesen, das Apartheidregime unkontrolliert kollabieren zu lassen. Hier stand definitiv zu viel auf dem Spiel. Der ANC war zwar keine reine kommunistische Kaderpartei im Sinne der SED (Sozialistische Einheitspartei Deutschlands) in der ehemaligen DDR, aber durch die langjährige Parallelstruktur in der Führung des ANC und der Kommunistischen Partei Südafrikas war noch genügend kommunistisches Gedankengut in den führenden Köpfen des ANC, um jedem Strategen im Westen die Schweissperlen auf die Stirn zu treiben. Die Verstaatlichung der Schlüsselindustrien (z. B. Bergbau und Banken) gehörte etwa zum zentralen Credo derjenigen, welche die Macht im Land übernehmen wollten.

Südafrika mit seiner geostrategisch relevanten Lage an der Südspitze des afrikanischen Kontinents und seinem enormen Reichtum an Bodenschätzen war für den Westen schlicht zu bedeutend, um zuzulassen, dass eine ähnliche unerwünschte Entwicklung eintrat wie zuvor in Angola, wo sich kubanische Truppen und Militärberater aus der DDR tummelten. Diese Tatsache dürfte in den Machtzentren des Westens sehr wohl im Zentrum der Überlegungen gewesen sein. Kommt hinzu, dass Apartheid-Südafrika über die mit Abstand besten Streitkräfte im südlichen Afrika verfügte. Dass die Südafrikaner in Angola auch Misserfolge einstecken mussten – etwa 1988 in der Schlacht von Cuito Cuanavale –, ändert nichts an dieser Tatsache. Zudem war Südafrika eine Atommacht, dies übrigens nicht zur ungeteilten Freude der Regierungen in Washington und London. Dass die Südafrikaner es fertigbrachten, sechs einsatzfähige Kernwaffen zu bauen, ist der geschickten Zusammenarbeit des Apartheidstaats mit Israel zu verdanken.

Die Sanktionen hatten zum Teil – und dies wird oft vergessen – unbeabsichtigte Folgen. Am schlimmsten für die ärmste (schwarze) Bevölkerungsschicht waren ausländische Investoren, die ihre Betriebe schlossen mit der Folge, dass die Arbeiterschaft ihre Stellen und damit ein regelmässiges Einkommen verlor. Die meisten politisch motivierten Desinvestitionen liefen nach dem gleichen Schema ab: Eine ausländische Gesellschaft musste aufgrund von restriktiven Sanktionen (z. B. von Skandinavien) ihre Beteiligungen oder Tochtergesellschaften in Südafrika verkaufen. Diese wurden dann zu einem sehr günstigen Preis von einem südafrikanischen Konzern gekauft. Im Falle von Anglo American führte dies in den 1980er-Jahren zur absurden Situation, dass die Bergbaugesellschaft zu einem Mischkonzern mutierte, der nicht weniger als 50 Prozent der Marktkapitalisierung  an der Johannesburger Börse total, direkt oder indirekt kontrollierte bzw. mitkontrollierte.

Auch das «sanctions busting», Sanktionsumgehungsgeschäfte,  erlebte aus verschiedenen Gründen und an verschiedenen Orten eine Blütezeit. Gerade im Agrarbereich kamen die Produkte in westlichen Verkaufsregalen bald von überall her, nur nicht aus Südafrika. Es kam aber auch vor, dass sich die schwarzen Konsumenten für die weitere Belieferung mit westlichen Produkten stark machten. Coca-Cola beispielsweise musste seine Tore in Südafrika schliessen, nur um alsbald aus dem Zwergstaat Swasiland heraus den südafrikanischen Markt zu beliefern.

Die Sanktionen waren für das Apartheidregime ärgerlich und in gewissen Bereichen sogar schmerzlich. Lebensbedrohend waren sie nicht. Psychologisch fast schwieriger war die Tatsache, dass südafrikanische Geschäftsleute sich überall auf der Welt rechtfertigen mussten für eine Politik, die sie z. B. als liberale anglofone Bürger ihres Landes in keiner Weise billigten. Und ebenfalls schlecht für das nationale Ego war der weltweite Sportboykott. Während Jahrzehnten war es den talentierten südafrikanischen Sportlern nicht möglich, sich auf internationaler Ebene mit der Konkurrenz aus dem Ausland zu messen, weder bei Olympiaden, Weltmeisterschaften noch bei irgendwelchen anderen Turnieren.

Phänomenal war sodann der Erfolg der Anti-Apartheid-Aktivisten im Bereich der internationalen Kulturszene. Am ausgeprägtesten war dies in der Rockmusik der Fall. Wenige Wochen vor Nelson Mandelas 70. Geburtstag (er wurde am 18. Juli 1988 70 Jahre alt) organisierte Jerry Drammers, Frontmann von The Specials, im Londoner Wembley Stadion ein Konzert, das zum Stelldichein der Giganten wurde. Die Bee Gees, Dire Straits, Eric Clapton, Joe Cocker, Phil Collins, Peter Gabriel, Stevie Wonder waren nur einige wenige der Interpreten, die mit ihrer Musik dem berühmtesten politischen Gefangenen der Welt zur Freiheit verhelfen wollten. 72 000 Zuschauer waren am 11. Juni 1988 live dabei. Millionen von Zuschauer in 60 Ländern vernahmen die Botschaft: «Free Nelson Mandela!». Madiba hatte globalen Kultstatus erreicht.

Die Periode von 1985 bis 1990 war aber auch die Zeit der Diplomaten und Geheimgespräche. Während sich Südafrika im Rahmen der multilateralen Diplomatie nicht – oder praktisch nicht – beeinflussen liess, verlegten sich die führenden westlichen Länder auf die bilaterale Diplomatie in ihrem Versuch, das Apartheidregime zu einem Schritt nach vorne zu bewegen. Allen voran waren dies die Vereinigten Staaten von Amerika und noch mehr Grossbritannien. Zwar regten sich die Diplomaten und Regierungsvertreter im alten Südafrika jedes Mal auf, wenn der amerikanische Bürgerrechtler Pfarrer Jesse Jackson die Apartheid wieder einmal auf telegene Weise in Bausch und Bogen verdammte. Sie hörten hingegen sehr genau zu, wenn sich der amerikanische Unterstaatssekretär für Afrika, Chester Crocker in Pretoria, zu Gesprächen einfand.

Trotz dieser partiellen Bereitschaft, kritische Stimmen aus dem Ausland anzuhören, war das Problem, dass Crocker zwar bei Aussenminister Roloef (Pik) Botha oder Geheimdienstchef Neil Barnard reformistische Ansätze fand, nicht aber bei Präsident Pieter Willem Botha. Sowohl in der Regierung von Ronald Reagan in den USA wie im Kabinett Margaret Thatchers in Grossbritannien war die Frustration über die «too little, too late»-Reformpolitik von P. W. Botha gross. Von beachtlichem Einfluss, namentlich in den heissen Übergangsjahren, war der britische Botschafter in Südafrika von 1987 bis 1991, Sir Robin Renwick (heute Baron Renwick of Clifton). Wenn nötig traf er sich wöchentlich zu Gesprächen mit Staatspräsident Botha, der den Übernamen «groot krokodil» («grosses Krokodil») hatte. Renwick war kein normaler Diplomat, sondern vielmehr ein Mann in einer eigenen Gewichtsklasse. Er hatte das Mandat, maximalen Druck auf die Regierung auszuüben und tat dies mit der Glaubwürdigkeit eines Gouverneurs. Die damalige Korrespondentin der *Financial Times* schrieb anlässlich seiner Ablösung nach vier Jahren in Pretoria: «Es ist, als hätte der Gouverneur Ihrer Majestät das Land verlassen.»

Nach 1985 zeigte sich immer mehr, dass auch solid konservative und antikommunistische Staats- und Regierungschefs wie Ronald Reagan, Margareth Thatcher und Helmut Kohl nicht mehr bereit waren, über die schlimme Menschenrechtsbilanz Pretorias hinwegzusehen.

Dass es nicht ewig so weitergehen konnte, wussten letztlich alle – einschliesslich des «grossen Krokodils». Und genau

Abb. 20: Pieter Willem Botha (1916–2006) begann zwar in seiner Zeit als Präsident, die Apartheid aufzuweichen, indem erste diskriminierende Gesetze abgeschafft wurden. Vor dem grossen Sprung nach vorne schreckte er aber zurück. Von einem allgemeinen Stimm- und Wahlrecht wollte er nichts wissen. Hier in einer Aufnahmen aus den frühen 1950er-Jahren.

aus diesem Grund entstanden ab 1985 verschiedene streng vertrauliche Gesprächsinitiativen zwischen den verfeindeten Parteien Südafrikas. Die zwei wichtigsten wurden einerseits vom anglofonen Big Business und anderseits direkt aus dem Machtzentrum der Apartheid, sprich vom Office of the President, vorangetrieben.

Bei der Big-Business-Gesprächsinitiative hatte nicht von ungefähr der damalige CEO von Anglo American, Gavin Relly, die Führung. Der Bergbaukonzern Anglo American und seine Schwestergesellschaft De Beers hatten zu jener Zeit in der südafrikanischen Wirtschaft eine unbeschreibliche Marktmacht. Harry Oppenheimer, deren Verwaltungsratspräsident, war lange Jahre selbst Parlamentarier in der liberalen Progressive Federal Party, einer aus der United Party hervorgegangenen politischen Kraft, die später in die heutige Democratic Alliance überführt wurde. Nach seiner aktiven Zeit als Parlamentarier finanzierte er die Partei in den 1970er- und 1980er-Jahren massgeblich als Mäzen.

Beim ersten Gespräch in Lusaka, der Hauptstadt von Sambia, wo die Exilführung des ANC residierte, hatte man noch keine ausgereiften Pläne für eine geordnete Machtübergabe in der Tasche. Es war den südafrikanischen Industriekapitänen aber gelungen, das Eis zu brechen und die Erkenntnis zu gewinnen, dass man eigentlich die gleiche Sprache sprach: Hüben wie drüben schätze man ein Steak vom Holzkohlenfeuer genauso wie den schottischen Single Malt und die kubanische Zigarre nach dem Essen. Der spätere Präsident Thabo Mbeki wirkte beim Paffen seiner Tabakpfeife generell beruhigend in der Gesprächsrunde. Emotionen besonderer Art löste die Bitte einiger ANC-Führer aus, die Wirtschaftsführer möchten doch bei der Ankunft in Südafrika für sie den Boden küssen, den sie seit über 20 Jahren nicht betreten hätten. Bei aller positiven Überraschung, die seitens der südafrikanischen Geschäftsleute da war – naiv waren sie nicht. Sie wussten insgeheim genau, was die Überwindung der Apartheid mit einer vollen politischen Emanzipation der schwarzen Bevölkerung mit sich bringen würde. Im Positiven – wie im Negativen.

Die plötzliche Gesprächsbereitschaft der ANC-Führung kam übrigens auch nicht von ungefähr. Erstens musste man 1985 keine Strategieschule oder einen Generalstabskurs durchlaufen haben, um zu erkennen, dass Umkhonto we Sizwe gegenüber den südafrikanischen Sicherheitskräften keine Chance hatte. Und zweitens kommunizierte die Regierung Gorbatschow unzweideutig, dass von ihr keine Unterstützung mehr zu erwarten war.

Noch erstaunlicher und damals streng geheim war aber eine andere Gesprächsinitiative: Nach ersten Vorsondierungen durch Justizminister Kobie Coetsee und Geheimdienstchef Neil Barnard begann 1986 eine Reihe von direkten Gesprächen zwischen Präsident Pieter Willem Botha und Nelson Mandela. 1982 hatte man ihn von Robben Island ins Pollsmoor-Gefängnis ausserhalb von Kapstadt verlegt, was die späteren Treffen im Tuynhuis – in der Residenz des südafrikanischen Präsidenten gleich neben dem Parlamentsgebäude in Kapstadt – wesentlich vereinfachte. Wer allerdings meint, die Haftbedingungen in Pollsmoor seien viel besser gewesen als auf Robben Island, irrt. Pollsmoor ist ein Hochsicherheitstrakt, in dem auf engstem Raum Tausende von gewöhnlichen Kriminellen – Mörder, Vergewaltiger, Drogenschieber – zusammengepfercht sind. Erst während der letzten beiden Jahre seiner

Gefängnisstrafe wurde Mandela einigermassen human untergebracht: im Wärterhaus des Victor-Verster-Gefängnisses.

Unter strengster Geheimhaltung wurde Nelson Mandela durch die Tiefgarage ins Tuynhuis gefahren. Einmal angekommen empfing ihn Botha immer in angenehmer Gesprächsatmosphäre. Obwohl Botha damals erst 70 Jahre alt war, zeigten sich deutliche Alterserscheinungen: Die Tatsache, dass der damals allmächtige Botha ihm mit leicht zittriger, von Altersflecken übersäter Hand den Tee selbst eingoss, wusste er zu schätzen. Man kann sogar sagen, die Geste rührte ihn. Mandela seinerseits stellte sicher, dass er bei jeder Begegnung ein paar Sätze in Afrikaans sprach. Er ging sogar so weit zu sagen: «Ek het begrip vir die ou man.» («Ich verstehe den alten Mann.»). Erstaunlicherweise stellte sich diese Art von respektvoller Nähe zwischen Mandela und Bothas Nachfolger Frederik Willem de Klerk nie ein. Immerhin war de Klerk jener Mann, der den Anfang vom Ende des Apartheidstaats bewusst initiierte.

So bedachtsam und stilvoll der Umgang war, so hart blieb man doch in der Sache. Mandela erhielt von Botha zwischen 1986 und 1989 drei Angebote für eine sofortige Haftentlassung. Bedingung war die Unterzeichnung eines Gewaltverzichts. Ganz abgesehen davon, dass die ANC-Führung dies nie gebilligt hätte, lehnte Mandela dies persönlich jedes Mal ab.

Bothas Tragik bestand darin, dass er – der Hardliner, der militärisch und polizeilich gnadenlos gegen die ANC-Aktivisten vorging – eigentlich eingesehen hatte, dass es so nicht weitergehen konnte – deshalb auch die direkten Gespräche mit Nelson Mandela. Gleichzeitig war er aber nicht bereit zum «grossen Sprung vorwärts». Nirgends wurde dies so deutlich wie in seiner berühmten «Rubicon-Rede» vom August 1985.

Das Problem bei dieser Rede vor den Delegierten der Nationalen Partei in Durban bestand darin, dass zuvor eine gewaltige Erwartungshaltung im Hinblick auf weitreichende Reformen, die der Präsident ankündigen wollte, aufgebaut worden war (vermutlich orchestriert durch Aussenminister Pik Botha). Nichts dergleichen geschah, und die Enttäuschung in Südafrika, aber auch international – die Rede wurde live von diversen Fernsehsendern übertragen – war immens. Es kam zu einem gewaltigen Kurssturz des Rand: minus 20 Prozent gegenüber dem US-Dollar an einem einzigen Tag.

Über vier Jahre sollten vergehen bis zum grossen Sprung vorwärts. Aber immerhin: Botha hatte den Anfang gemacht und ab 1988 fand sich Mandela in einer Situation, die mehr mit Hausarrest als mit richtiger Gefangenschaft zu tun hatte. Dies übrigens mit einer offenen Telefonleitung nach Lusaka, wo er sich mit ANC-Präsident Oliver Tambo austauschen konnte.

Abb. 21: Tag der Freilassung nach 27 Jahren Haft: Nelson und Winnie Mandela am 11. Februar 1990.

# DIE GEBURTSWEHEN DER DEMOKRATIE (1990-1994)

Wie im vorherigen Kapitel dargestellt, waren die Jahre nach 1985 von grosser Widersprüchlichkeit: Einerseits fand eine unglaubliche Gewalteskalation statt, anderseits waren die vernünftigen Köpfe auf beiden Seiten überzeugt, dass der Konflikt mit kriegerischen Mitteln allein nicht zu lösen war. Rückblickend ist aber eines ganz klar: Das, was später als «das südafrikanische Wunder» bezeichnet wurde, war keineswegs der einzige und erst recht nicht der zwingende Verlauf, den die Geschichte des Landes hätte nehmen können.

Südafrika muss von März 1989 bis Februar 1990 unter einem guten Stern gestanden haben. Obwohl man dies niemandem wünscht, muss es doch im Nachhinein als für den weiteren Verlauf der Geschichte positiv betrachtet werden, dass der alternde starke Mann der Nationalen Partei – P. W. Botha – im März 1989 einen Herzinfarkt erlitt. Dies zwang ihn zuerst zum Rücktritt vom Parteipräsidium und schliesslich, im August 1989, zur Niederlegung seines Amtes als Staatspräsident. Am 14. August 1989 wurde Frederik Willem de Klerk als Nachfolger vereidigt. Keine drei Monate später – und auch das war für Südafrikas Entwicklung wichtiger, als man denkt – fiel die Berliner Mauer, ein Ereignis, das selbst viele Sowjetexperten noch zehn Jahre zuvor als unmöglich angesehen hätten.

Wiederum drei Monate später kündigte F. W. de Klerk bei seiner ersten Parlamentseröffnung die Aufhebung des Verbots verschiedener Parteien einschliesslich des ANC an, die Freilassung aller politischer Gefangener inklusive Nelson Mandela und die Aufnahme von Verhandlungen über demokratische Wahlen. Diese Tat hatte in Südafrika Urknallcharakter und eine weltweite Sensation war perfekt: Südafrika hatte endlich seinen Rubikon überschritten!

Wer war, wer ist de Klerk? Frederik Willem de Klerk, geboren im Jahr 1936, entstammt einer bedeutenden Politikerfamilie. Sein Vater war Senator und Minister, sein Onkel, Johannes Strijdom, war gar Premierminister. Insofern war es nicht weiter erstaunlich, dass auch er der National Party (NP) beitrat und auf eine politische Karriere aspirierte. 1978 wurde er unter Premierminister Vorster erstmals ins Kabinett berufen, wo er verschiedene Posten innehatte, zuletzt das Amt des Bildungsministers (1985–1989). De Klerk war, wenn man so will, ein Mainstream-Nationalkonservativer. Zwar gab es aus NP-Optik mit seinem Bruder Willem «Wimpie» de Klerk als Mitbegründer der Demokratischen Partei (heute Democratic Alliance) bereits ein schwarzes Schaf in der Familie. Es deutete aber nichts darauf hin, dass der jüngere F. W. de Klerk nichts weniger als einen monumentalen Wandel anstossen würde, von dem man nicht genau sagen konnte, ob er nun evolutionär oder revolutionär war.

De Klerk war im Endeffekt ein Wolf im Schafspelz. In einem der besten Bücher zum Wandel in Südafrika stellte die frühere Korrespondentin der *Financial Times,* Patti Waldmeir, die Frage: «Why did the Boers give it all away?» – Die detaillierte Antwort auf diese Frage würde Bände füllen. Bezogen auf de Klerk lässt sich aber sagen, dass er als Vollblutpolitiker und eiskalt rational denkender und handelnder, frischgebackener Präsident zwei Optionen vor sich sah: Entweder würde er weitermachen, wo P. W. Botha aufgehört hatte und das Land noch weiter in den Morast hineinreiten oder er würde – bei allem Risiko – den grossen Sprung vorwärts wagen auf die Gefahr hin, grandios zu scheitern.

In den Tagen vor der Parlamentseröffnung war de Klerk vermutlich der einsamste Mensch der Welt. Nicht einmal seine Frau wusste etwas von seiner Absicht. Wie de Klerk 24 Jahre später in Zürich sagte, verlor er an jenem Tag viele Freunde. «Freunde», mit denen er und seine Frau gemeinsam Ferien verbracht hatten, wendeten sich augenblicklich und für immer von ihm ab. Aber das alles war nicht die entscheidende Frage. Diese lautete vielmehr: Würde er seinen enormen Mut mit dem Leben bezahlen müssen? Würde er genügend Zeit haben, um den politischen Wandel bis zum berühmten aviatischen Point of no Return bewegen zu können? Eine ganze Menge Politiker sind im Verlauf der Geschichte für viel weniger bravouröse Taten umgebracht worden und das gleiche Schicksal hätte auch de Klerk ohne Weiteres ereilen können, dies wusste er sehr genau. Es müssen bange Tage und Stunden gewesen sein im Vorfeld der Parlamentseröffnung vom 2. Februar 1990.

Die Parlamentseröffnung in Südafrika war und ist eine Mischung zwischen Alle-sind-gespannt-auf-die-State-of-the-Union-Botschaft des Präsidenten und einer Ende-der-Sommerferien-Stimmung, gepaart mit einer ausgeprägten Sehen-und-gesehen-werden-Atmosphäre. Der frühere, längst verstorbene NZZ-Sonderberichterstatter Cyril Schwarzenbach schrieb einmal, dass allein die Hüte der Damen (auf der

Zuschauertribüne) eine Reise nach Kapstadt gerechtfertigt hätten.

Bei der Parlamentseröffnung von 1990 waren die Hüte mit Sicherheit kein Thema, denn mit der Entbannung aller verbotenen politischen Parteien und der Freilassung aller politischen Gefangenen liess de Klerk sozusagen eine Bombe platzen. Die Parlamentarier und die anwesenden Journalisten waren zuerst sprachlos, viele Abgeordnete machten ihrer Empörung deutlich Luft.

De Klerk war sich sicherlich bewusst, dass der Erfolg dieser Initiative keineswegs garantiert war, wie sich schon bald zeigen sollte. Seine Ankündigung öffnete einer ganzen Reihe von sehr komplexen Szenarien die Tür, die sich zum Teil diametral gegenüberstanden. Neben den Kräften des Friedens und des guten Willens musste er also sehr wohl in Kauf nehmen, die Kräfte des Kriegs zu entfesseln.

Um die hauptsächlichen Entwicklungen kurz in Erinnerung zu rufen:

- Der ANC liess vorerst noch nicht vom bewaffneten Kampf ab (so wirkungslos er auch war).
- Geheimdienst und Spezialeinheiten der Polizei gingen weiter gegen schwarze Aktivisten vor.
- Zwischen ANC und Inkatha tobte ein Kleinkrieg, der an die 2000 Tote im Jahr forderte.
- Die schwarze Opposition aus bisher Exilierten und den Protagonisten der United Democratic Front hatte sich noch nicht richtig formieren können; dieser Prozess verlief alles andere als spannungsfrei.

Inmitten dieses Chaos wurde ein Forum ins Leben gerufen, das eine Interimsverfassung entwerfen und als Basis für demokratische Wahlen für alle Bürger des Landes gelten sollte, die Convention for a Democratic South Africa, kurz Codesa. Vorläufer dieses formellen Prozesses waren verschiedene Absichtserklärungen wie die Groote Schuur Minute (4. Mai 1990), die Pretoria Minute (6. August 1990) oder der National Peace Accord (14. September 1991). Im National Peace Accord verpflichteten sich 27 Parteien, darunter die südafrikanische Regierung, die Homeland-Regierungen und die politischen Parteien, zur Eröffnung von Verhandlungen über die Neuordnung der politischen Zukunft Südafrikas.

Die erste Runde der Verhandlungen (Codesa I) begann am 20. Dezember 1991 unter der Führung von drei Richtern im World Trade Centre von Kempton Park, einem Industrieort zwischen Johannesburg und Pretoria. Zwei extremistische Parteien, der Pan Africanist Congress und die rechts aussen stehende Conservative Party (CP) boykottierten die Gespräche. Inkatha-Führer Mangosuthu Buthelezi nahm ebenfalls nicht teil, weil der Zulu-König Goodwill Zwelithini nicht eingeladen worden war. Eine Lösung der politischen Probleme bzw. konkret eine Einigung auf die Grundsätze einer Verfassung konnte indes nicht erzielt werden.

F. W. de Klerks Nationale Partei verlor kurz nach dem Codesa-Auftakt drei Nachwahlen gegen die CP von Andries Treurnicht. Dies veranlasste den Präsidenten zur Abhaltung eines nationalen Referendums über die Schicksalsfrage, ob die Apartheid abgeschafft werden solle. Die Volksbefragung wurde schliesslich am 17. März 1992 abgehalten und endete mit einem deutlichen Sieg de Klerks: 1,9 Millionen oder 68,7 Prozent der Weissen stimmten mit ihrem Präsidenten. Nur einzelne erzkonservative Bastionen im Norden stimmten dagegen.

Das war zwar ein wichtiger Meilenstein im politischen Wandlungsprozess, aber – wie sich bald zeigen sollte – noch lange nicht das Ende aller Probleme.

Im Mai 1992 fand die zweite Plenarsitzung der Verhandlungen, Codesa II, statt. Die Vorstellungen von Regierung und ANC lagen diametral auseinander. Die Nationale Partei versuchte, weisse Minderheitenrechte in der zukünftigen Verfassung zu verankern, was der ANC ablehnte, ebenso wie de Klerks Idee der Bildung einer Übergangsregierung mit rotierender Präsidentschaft. Der ANC bestand auf einer sofortigen und unmittelbaren Regierungsbildung, basierend auf dem neuen Mehrheitsverhältnis, was natürlich einem totalen Machtverlust der weissen Minderheit entsprochen hätte.

Es war aber ein äusseres Ereignis, das die Verhandlungen zum Absturz brachte: Am 17. Juni 1992 griffen Inkatha-Anhänger aus dem KwaMadala-Arbeiterwohnheim die nahe gelegene Township Boipatong an und töteten auf bestialische Weise 38 Einwohner (alles ANC-Anhänger) in oder vor ihren Häusern. Der ANC behauptete nach diesem Blutbad, das als Boipatong-Massaker in die Annalen einging, dass die südafrikanischen Streitkräfte im Rahmen einer verdeckten Operation dabei eine aktive Rolle gespielt hätten, was das zuständige Gericht 1993 als nicht erwiesen erachtete. Wenige Jahre später kam die Wahrheits- und Versöhnungskommission zu einem anderen Schluss.

Der ANC zog sich unter Protest aus den Verhandlungen zurück und setzte eine zivile Revolte in Bewegung, die unter dem Motto «rolling mass action» mehr Druck auf die Regierung auszuüben versuchte. In dieser Situation war es erstaunlich, dass ausgerechnet ein weiteres Blutbad den ANC zum

Einlenken und damit zur Wiederaufnahme der Verhandlungen brachte: das Massaker von Bisho. Am 7. September 1992 marschierten 80 000 ANC-Anhänger von King William's Town im Eastern Cape zum nahen Bisho, der damaligen Hauptstadt des Homelands Ciskei. Dabei verlangten sie die Absetzung des dortigen Machthabers Oupa Gqozo. Ganz offensichtlich hatten die Protestierenden die Rechnung aber ohne den Wirt gemacht. Die dortigen Truppen standen loyal zum alten Südafrika und eröffneten das Feuer auf den Demonstrationszug, töteten 28 ANC-Anhänger und verwundeten über 200 weitere Personen. Auch einige spätere Minister wie Ronnie Kasrils und Steve Tshwete oder der damalige Generalsekretär und heutige Vizepäsident des ANC, Cyril Ramaphosa, hätten an diesem Tag zu Tode kommen können.

Die ANC-Führung kam zur Einsicht, dass im Interesse eines Fortschritts an der politischen Front in dieser äusserst delikaten Situation jegliche weitere Eskalation der Gewalt vermieden werden musste. Zunächst gab es nur bilaterale Gespräche zwischen den beiden hauptsächlichen Konfliktparteien, dem ANC und der Nationalen Partei. Aus dieser Gesprächsrunde heraus gedieh eine persönliche Beziehung, die allmählich so stark wurde, dass ein gefestigter Kommunikationskanal auch in den noch folgenden Krisen immer offen blieb. Die Rede ist von den beiden Hauptunterhändlern, Roelf Meyer aufseiten der NP und Cyril Ramaphosa vom ANC. So hart die Gespräche in der Sache oftmals waren, die beiden Männer behielten immer den Respekt voreinander und mit der Zeit, nach vielen gemeinsamen Nachtessen und Bosberade (Afrikaans für «Gespräch im Busch», «off-site meetings») wurden sie sogar Freunde. Berühmt ist etwa jene Episode, wo sich Meyer beim

Fliegenfischen den Angelhaken in die eigene Hand manövrierte und ihn Ramaphosa als Sanitäter aus der misslichen Lage befreien musste.

Im Verlauf der Gespräche hatte der kommunistische ANC-Kadermann Joe Slovo die gute Idee einer «sunset clause» – ein Vorschlag für eine Übergangsregelung mit einer Regierung der Nationalen Einheit, bestehend aus den wichtigsten Konfliktparteien (ANC, NP und Inkatha). Dieser Vorschlag wurde zwei Jahre später auch in die Tat umgesetzt. Als vertrauensbildende Massnahme begnadigte Präsident de Klerk Gefangene, ja sogar zwei zum Tod verurteilte Terroristen aus den beiden gegnerischen Lagern (Barend Strydom und Robert McBride).

Am 26. September 1992 unterzeichneten ANC und NP einen Record of Understanding, der sich mit verschiedenen, gewichtigen Themen auseinandersetzte: Ausgestaltung einer verfassunggebenden Versammlung, mögliche Zusammensetzung einer Interimsregierung, Schicksal der politischen Gefangenen, aber auch eine einheitliche Definition von «gefährlichen Waffen» und weitere Punkte. Man kam überein, dass man sich unter dem Oberbegriff Multiparty Negotiating Forum (MPNF) zu neuen formellen Gesprächen über die Zukunft Südafrikas treffen würde.

Der 1. April 1993 war der erste Verhandlungstag des Multiparty Negotiating Forum, an dem sich auch die erzkonservative Conservative Party und die ebenso rassistische Afrikaner Volksunie, der Pan Africanist Congress, die Homeland-Regierung von KwaZulu sowie Delegationen von traditionellen (Stammes-)Führern teilnahmen. Das Forum vereinigte aber nicht lange alle relevanten Kräfte. Mangosuthu Buthelezi verliess das MPNF schon bald und formierte sich zusammen mit den traditionellen Führern und den Rechtsaussenparteien zur Concerned South Africans Group (Cosag, später umgetauft in Freedom Alliance). Mithilfe der früheren Aussenminister der USA, Henry Kissinger, und Grossbritanniens, Lord Carrington, gelang es, Buthelezi von seinem beabsichtigten Boykott der Wahlen abzubringen. Der Xhosa-dominierte ANC gestand den Zulus dafür einen speziellen Status für ihre Monarchie ein.

Kaum war das neue Verhandlungsforum eröffnet – wegen des Tagungsorts sprach man auch von den Kempton-Park-Verhandlungen –, passierte etwas, das den Einwohnern Südafrikas den Atem stocken liess: Am 10. April 1993 wurde der Kommunistenführer Chris Hani von zwei weissen Rechtsextremisten erschossen. In den Townships des Landes kochte die Volksseele. Und es ist nicht übertrieben zu sagen, dass die Stimmung hochexplosiv war. Nun waren die charismatischsten Führungsfiguren im ANC gefragt, allen voran Nelson Mandela. In ruhigen und klaren Worten konnte er seinen schwarzen Landsleuten klarmachen, dass ein Ausbruch von Chaos – Racheakte und wiederum Gegengewalt durch die Sicherheitskräfte – genau das sei, was die Attentäter wollen: den Friedens- und Umgestaltungsprozess erfolgreich sabotieren. Mandela wurde nicht müde zu betonen, dass die beiden Täter dank des Hinweises einer weissen Frau in Rekordzeit verhaftet werden konnten. Die Beruhigung der schwarzen Bevölkerung in dieser emotionalen Stunde gelang, was Nelson Mandela als nationale Führungsfigur, aber auch innerhalb seiner eigenen Partei abermals mehr Gewicht verlieh.

Nachträglich kann man sagen, dass die Ermordung Chris Hanis bei den politischen Entscheidungsträgern in Südafrika den Sinn für Dringlichkeit geschärft hatte. In gut sieben Monaten wurde eine Interimsverfassung ausgearbeitet und in den frühen Morgenstunden des 18. November 1993 verabschiedet. Eine extra für die Übergangszeit gegründete Behörde, der Transitional Excecutive Council, überwachte die Vorbereitung und Durchführung der ersten demokratischen Wahlen.

In einem perfekten Timing mit Blick auf den Verhandlungsprozess kündigte das norwegische Nobelpreiskomitee am 15. Oktober 1993 die Verleihung des Friedensnobelpreises an F. W. de Klerk und Nelson Mandela an. Am 10. Dezember nahmen die beiden grossen Männer den Preis in Oslo entgegen. Wie aber die nonverbale Kommunikation auf mehreren Pressefotos zeigt, war die Stimmung zwischen ihnen alles andere als gut. Der Grund war die anhaltende politische Gewalt zwischen ANC und Inkatha. Die Regierung stand unter permanentem Verdacht, die Inkatha zu unterstützen. Mandela warf de Klerk wiederholt vor, über die Lieferung von Waffen an die Inkatha durch das Militär sei die alte Regierung nicht nur indirekt, sondern direkt für die Gewalt zumindest mitverantwortlich.

Keineswegs vergleichbar in der Bedeutung mit Hanis Ermordung war ein Vorfall im Juni 1993, als Angehörige der rechtsextremen Afrikaner Weerstandsbeweging (Afrikaaner Widerstandsbewegung, AWB) mit einem gepanzerten Fahrzeug durch die Glasfront des Verhandlungsgebäudes in Kempton Park brachen und ins Foyer des Kongresszentrums fuhren. Die paramilitärischen Rassisten übernahmen vorübergehend

Abb. 22: Frederik Willem de Klerk (geboren 1936) ist eine der bedeutendsten Persönlichkeiten der südafrikanischen Geschichte. Er verfolgte zunächst eine gradlinige Karriere als Parlamentarier und ab 1978 als Minister. 1989 wurde er als Folge eines gesundheitlichen Problems seines Vorgängers P. W. Botha zuerst Partei- und kurz danach Staatspräsident. In nur wenigen Monaten bereitete er die grosse Wende vor, die er im Februar 1990 anlässlich der Parlamentseröffnung verkündete: Aufhebung der Verbote von Parteien, Freilassung aller politischen Gefangener und Gespräche über einen Übergang zur multirassischen Demokratie. Die Stimmung zwischen Mandela und de Klerk war in jenem Augenblick äusserst angespannt, weil Mandela dem Präsidenten vorwarf, nichts gegen die Gewalt der Inkatha gegen den ANC zu unternehmen.

die Kontrolle über den Tagungsraum, konnten aber kurz darauf zur Aufgabe gezwungen werden.

Die extreme Rechte bei den Afrikaanern demontierte sich im Wesentlichen selbst. Am deutlichsten trat dies bei einem Vorfall im Frühjahr 1994 zutage, als der Homeland-Leader Lucas Mangope es ablehnte, sein Territorium (Bophutatswana) ins neue Südafrika zu integrieren. AWB-Anhänger in Kakiuniformen fielen darauf in der Hauptstadt Mafeking ein und erschossen Schwarze, die sich ihnen in den Weg stellten, genauso wie weisse Zivilisten. Plötzlich stiessen sie aber auf Widerstand der lokalen Sicherheitskräfte und begannen, sich zurückzuziehen. Aus Wut über die sinnlose Gewalt, welche die Rechtsextremisten nach Mafeking gebracht hatten, eröffnete ein lokaler Polizist das Feuer auf ein Privatauto mit vier AWB-Leuten. Als diese verletzt aus dem Auto krochen, erschoss er die vier kurzerhand mit seinem Sturmgewehr – vor einer laufenden Fernsehkamera und im Beisein von Pressefotografen. Diese Episode machte ein für alle Mal klar, dass der «lunatic fringe» unter den Afrikaanern keine ernsthafte Gefahr für den Friedensprozess mehr war. Zu gewissen Zeiten traute man dieser Bewegung zu, bürgerkriegsähnliche Unruhen auszulösen. Aber mit dieser Einschätzung war es jetzt zu Ende. AWB-Führer Eugène Terre' Blanche machte sich vollends zur Lachnummer, als er einmal betrunken vom (selbstverständlich weissen) Pferd fiel. Nelson Mandela meinte einige Jahre danach verschmitzt, die extreme burische Rechte umfasse höchstens 1000 Personen in Südafrika einschliesslich Terre' Blanches Reittier.

Wesentlich ernster zu nehmen waren aber die gemässigten äusseren Rechten unter den Afrikaanern. Diese machten sich – nicht ganz zu Unrecht – Sorgen um ihre Kultur und Sprache, kurz, um ihre Art zu leben. Diese Afrikaaner – es waren zwischen 50 000 bis 60 000 – gruppierten sich um den ehemaligen Generalstabschef, General Constand Viljoen. Sie waren militärisch ausgebildet und hätten im Fall einer Aggression seitens Umkhonto we Sizwe, des bewaffneten Arms des ANC, durchaus mobilisiert werden können. Viljoen entschied sich aber für den politischen Weg, insbesondere unter dem Eindruck der heillosen Konfusion, die der AWB in Bophutatswana angerichtet hatte. Mit seiner Partei Freedom Front nahm er an den ersten Wahlen von 1994 teil und nahm als einer der wenigen Abgeordneten seiner Partei im Parlament Einsitz.

Eine der zentralen Forderungen der Freedom Front war die Errichtung eines «Volksstaats» – eines teilautonomen Gebiets reserviert für Afrikaaner, idealerweise auf einem Teilgebiet der Northern-Cape-Provinz. Dieses Begehren verhallte ungehört aus einer ganzen Reihe von Gründen. Erstens war die Freedom Front eine Minderheitspartei, auch innerhalb der Afrikaaner. Zweitens war die Mehrheit der Afrikaaner fest in die südafrikanische Wirtschaft integriert bis hinauf zum Topmanagement, d. h. man lebte und arbeitete in den grossen Zentren und hatte nicht die geringste Absicht, fernab von allen grossen Agglomerationen einem ländlichen Dasein zu frönen. Drittens hätte die Errichtung einer Teilautonomie für eine bestimmte Ethnie gezwungenermassen zu Begehrlichkeiten anderer Volksgruppen geführt.

Nirgends lässt sich übrigens besser aufzeigen, wie uneins, um nicht zu sagen zerstritten die Buren als Volk sind und waren, als am Beispiel der Familie Viljoen: Während Constand als höchster Militär die Interessen des Apartheidstaats in einem

Krieg gegen das kommunistische Angola, die Swapo-Guerillas und natürlich gegen die Kämpfer der südafrikanischen Befreiungsbewegungen kompromisslos vertrat, war sein Zwillingsbruder Abraham (Braam) ein bekannter Anti-Apartheid-Aktivist. Es ist zu vermuten, dass Braam im Vorfeld der ersten demokratischen Wahlen in den entscheidenden Augenblicken einen positiven Einfluss auf seinen Bruder Constand hatte geltend machen können.

Zusammenfassend kann man sagen, dass die wichtigsten Entscheidungsträger Südafrikas in den Jahren 1990 bis 1994 – genauso wie das Land als Ganzes – einen Schutzengel hatten. Und dies trotz Tausender von Toten, die der politischen Gewalt zum Opfer fielen, trotz Gräueltaten der schlimmsten Sorte auf beiden Seiten des Konflikts. Man weiss, dass die rechtsextreme Boeremag (Burenmacht) laut nachdachte über ein Attentat auf Constand Viljoen. Die Geschichte Südafrikas hätte eine wesentlich schimmere Wendung nehmen können. Ein politisch motivierter Mord an F. W. de Klerk oder Nelson Mandela in den frühen 1990er-Jahren – das wäre genau der Stoff gewesen, aus dem der grösste politische Albtraum des südlichen Afrika hätte entstehen können.

# 20 JAHRE MULTIRASSISCHE DEMOKRATIE (1994-2014)

Die ersten demokratischen Wahlen in Südafrika wurden mit einer Mischung aus Begeisterung über das bisher politisch Erreichte und Spannung über das Ergebnis, aber auch Furcht erwartet. Der Blutzoll und das Ausmass der politischen Gewalt im Vorfeld waren so enorm gewesen, dass niemand Anschläge zur Störung der Wahlen hätte ausschliessen wollen. Sodann hatte es der Inkatha-Führer Mangosuthu Buthelezi extrem spannend gemacht und erst im allerletzten Moment entschieden, dass sich seine Partei, die IFP, an den Wahlen beteiligen würde. Um es genauer zu sagen – unmittelbar vor der Drucklegung der Wahlzettel.

Der 27. April 1994 war ein magischer Tag in Südafrika. Beobachtet von Hunderten von unabhängigen Wahlbeobachtern aus dem Ausland, fotografiert und gefilmt von ebenso vielen Sonderkorrespondenten aus aller Welt und begleitet von einheimischen Reportern standen Millionen von Südafrikanern mit stoischer Ruhe in den Schlangen vor den Wahllokalen. Nicht selten gingen weisse Familien gemeinsam mit ihrem schwarzen Kindermädchen und dem schwarzen Gärtner zur Urne, wobei sich die Begcisterung bei manch einem Weissen in Grenzen hielt. Es war völlig klar, dass diese Wahlen das Ende der weissen Minderheitsherrschaft besiegeln würden. Mindestens die

Abb. 23: 1994: Lange Schlangen vor den Wahllokalen bei den ersten demokratischen Wahlen für Südafrikaner aller Hautfarben.

liberalen Weissen waren aber stolz auf sich und ihr Land, denn sie wussten, dass die Etablierung einer Demokratie für die angehende «Regenbogennation» der einzige gangbare Weg aus dem Abgrund und dem Chaos des letzten Jahrzehnts war.

Für die schwarzen Südafrikaner war diese erste demokratische Wahl ein Tag des Stolzes. Erstmals mussten sie sich nicht mehr wie Bürger zweiter oder dritter Klasse fühlen. Noch 20 Jahre danach erinnert sich der frühere Aktivist Jerry Thlopane an die unbeschreibliche Stimmung: «Die Atmosphäre war wie elektrisch», sagte er gegenüber Andrew England, Südafrika-Korrespondent der *Financial Times*.

Am 9. Mai 1994 wählte Südafrikas erstes gemischtrassiges Parlament Nelson Rolihlahla Mandela zum Präsidenten, einen Tag später legte er als erster schwarzer Präsident seines Landes den Amtseid ab. Ein historischer, ein magischer, ein unvergesslicher Augenblick! Gefeiert von einer gigantischen Anzahl an ausländischen Staats- und Regierungschefs hielt er in seiner Ernsthaftigkeit und Schlichtheit eine Rede an seine Nation, aber auch an die Welt. Zentral war dabei der Satz: «Niemals, niemals, niemals wieder wird dieses wunderbare Land die Unterdrückung einer Rasse durch die andere erleben.» Wie dies der Brauch war, überflog eine Staffel von Jagdflugzeugen der Luftwaffe die Union Buildings in Pretoria und tippte zum Salut die Flügel über der versammelten Menge. Nicht wie üblich, sondern in einem bisher noch nie dagewesenen Akt flogen anschliessend drei Boing-747-Langstreckenmaschinen der South African Airways in Formation über das Regierungsgebäude von Pretoria.

Wie dies die Abmachungen für die Übergangsphase vorsahen, bildete Präsident Mandela keine ANC-Mehrheitsregierung – man hatte ja immerhin 252 von 400 Sitzen im Parlament erobert –, sondern eine Regierung der nationalen Einheit mit Ministern aus der Nationalen Partei und der Inkatha-Freiheitspartei (IFP). Deren Chef Buthelezi wurde Innenminister. Wie dies vorgesehen war, hatte Mandela als ersten Vizepräsidenten Thabo Mbeki und als zweiten Frederik Willem de Klerk zur Seite.

Es begann, was man in der südafrikanischen Politik die Honeymoon-Phase nannte. Sowohl die Schwarzen, Farbigen und Indischstämmigen und erst recht die Weissen waren erleichtert über die gewaltfrei verlaufenen Wahlen und die leichter als erwartete Eröffnungsphase des Wandels. Natürlich gab es auch die Skeptiker, die betonten, das alles sei zu schön, um wahr zu sein, und die hartgesottenen Rassisten – unter ihnen auch viele Immigranten aus allen möglichen europäischen Ländern –, die nicht müde wurden, zu betonen, dass die Schwarzen auch dieses Land ruinieren würden, wie praktisch den ganzen Rest von Afrika nach der Dekolonisation.

Nelson Mandela war selbstredend der Mann, der alles gab im Dienst der Überwindung der Vergangenheit. Unter dem Banner Rainbow Nation (Regenbogennation) etablierte er sich als der gelebte Geist der Versöhnung. Er besuchte den greisen Percy Yutar, den Staatsanwalt, der 1962 die Todesstrafe für ihn und seine Mitstreiter gefordert hatte. Er besuchte auch Betsie Verwoerd, die Witwe von Hendrik Verwoerd, dem schlimmsten Betonkopf unter den Apartheidarchitekten, kurz, er zeigte auf Schritt und Tritt Südafrika und der Welt, dass die Vergangenheit zwar nicht vergessen, wohl aber vergeben sei.

Der neue Präsident sorgte gleich am ersten Amtstag in den Union Buildings für Aufsehen: Als sich ein Team von weissen

Polizisten bei ihren schwarzen Kollegen zum Dienst als Bodyguards meldete, waren diese fuchsteufelswild und protestierten umgehend beim Chef: «Madiba, das geht doch nicht. Eben wollten die uns noch umbringen.» Der Chef sagte lakonisch: «Das war in der Vergangenheit. Jetzt werdet ihr mich zusammen beschützen.» Und es ist sicher kein Zufall, dass Mandela mit Zelda la Grange eine Afrikaanerin zu seiner Privatsekretärin machte. Sie hielt ihm auch nach seinem Rücktritt vom Präsidentenamt die Treue. Ihre Loyalität zu Madiba war und ist so gross, dass der britische *Guardian* sie als «Mandelas Rock» oder «Madiba's White Granddaughter» bezeichnete. Wer Madiba sehen wollte – und dies galt vor allem für Journalisten –, war wohl beraten, einen guten Draht zu Zelda zu haben.

Das schwarz-weisse Versöhnungsmärchen, das sich zwischen dem «boeremeissie» (dem Burenmädchen) und dem Präsidenten entwickelt hatte, war – um dies vorwegzunehmen – aber nicht für die Ewigkeit bestimmt. Die unglaubliche Nähe und Sympathie zwischen Nelson Mandela und Zelda la Grange war nicht nach jedermanns Gusto in Nelson Mandelas Familie. In dem Moment, in dem der alte Mann vor körperlicher und geistiger Schwäche nicht mehr Herr seines Schicksals war, wurde die junge Frau von der tonangebenden Fraktion im Mandela-Clan ausgegrenzt und ausgebootet. Sie, die jahrelang Tag und Nacht Zutritt zum Präsidenten gehabt hatte, durfte nicht am Begräbnis teilnehmen. Systematisch geschnitten von den Mandelas wurde auch Madibas dritte Frau, Graça Machel. Bei ihr beschränkten die Mandelas das «Kontingent» für die Teilnahme ihrer eigenen ersten Familie an der Beerdigung ohne Angabe von Gründen auf fünf Personen. Auch beste Freunde und Weggefährten wie Erzbischof Desmond

Tutu oder Anwalt George Bizos wurden ähnlich unwürdig behandelt.

Nelson Mandela entwickelte innerhalb kürzester Zeit im Präsidentenamt einen unnachahmlichen Stil. Dies begann bei der Kleidung. Wann immer es die Situation zuliess, trug er statt Veston und Krawatte das «Madiba Shirt» – kunstvoll und dezent gestaltete bunte Seidenhemden, die er über der Hose trug. Kaum wurde irgendwo etwas Musik gespielt, begann er – etwas steif wegen einer Hüftoperation – zu tanzen. Sein Stil wurde als «Madiba Jive» bekannt. Gegenüber Frauen war er von vollendeter Galanterie, aber gleichzeitig auch von spitzbübischer Direktheit. Um Königin Elisabeth II. als «Dear Elizabeth» anzuschreiben und ihr beim informellen Gespräch – was es ja eigentlich nicht gibt – die Hand auf die Schulter zu legen, gehörte schon etwas dazu.

Madiba überraschte seine Mitmenschen immer wieder, was auch folgende Episode zeigt: Ein Team vom Staatsfernsehen SABC hatte sowohl den Mikrofonständer wie auch die Haltestange vergessen. So blieb der Journalistin nichts anderes übrig, als vor dem Tisch, an dem Mandela und ein besuchendes Staatsoberhaupt sassen, niederzuknien bzw. in einer halb liegenden Position das Mikrofon nach oben zu halten; schliesslich durfte sie ja die Sicht der Kameras nicht verdecken. Nelson Mandela informierte die Medien über den Besuch. Plötzlich entdeckte er die Journalistin in ihrer unbequemen Lage und wechselte mitten im Satz das Programm: «Oh Ronel, ich habe Sie lange nicht gesehen. Wie schön, dass Sie hier sind.» Die Angesprochene wechselt auf Hellrot. Damit nicht genug: Madiba fuhr fort: «Ich habe da einen Freund in der Regierung, der sucht noch eine Frau. Ich muss Sie unbedingt vorstellen.»

Spätestens hier wechselte die unverhoffte weibliche Hauptdarstellerin auf Dunkelrot, während die versammelten Medienvertreter in schallendes Gelächter ausbrachen. Aber, so sagte die Betroffene unlängst in einem Gespräch mit dem Autor dieses Buchs: «Wer könnte ihm böse sein?»

Nelson Mandela konnte sich all das erlauben, weil er etwas nie war: respektlos. Im Gegenteil! Wer immer ihm gegenüberstand – diese Person hatte das Gefühl, in diesem Moment ausserordentlich wichtig für den Präsidenten zu sein. Nelson Mandela hatte – ganz im Gegensatz zu seinen Nachfolgern – die Höflichkeit der Könige. Er war pünktlich wie eine Schweizer Uhr. Höflichkeit und Charme prägten seinen Umgang mit Mitarbeitern genauso wie mit Journalisten. Er pflegte die Leichtigkeit und Natürlichkeit des menschlichen Kontakts, die grossen Persönlichkeiten eigen ist, wie ich selbst erfahren durfte.

Gleichzeitig scherte sich Mandela nicht um irgendwelche Protokolle und Direktiven, wenn es ihm um etwas Wichtiges ging. Als die amerikanische Regierung im Vorfeld des Besuchs von Präsident Clinton verlauten liess, dass man den engen und herzlichen Kontakt des neuen Südafrika zu Kuba und Libyen ungern sehe, kam postwendend die Antwort vom Präsidenten selbst: Man möge sich in Washington bitte um die eigenen Angelegenheiten kümmern. Die Libyer seien Freunde und Verbündete – zu ergänzen wäre: Geldgeber – aus dem Befreiungskampf, und dies vergesse man wohlverstanden nie. Clinton war damals – auf dem Höhepunkt der Affäre um die Praktikantin Monika Lewinsky – schwer angeschlagen. Auch hier sagte Mandela fadengerade, was er für angebracht hielt. An der gemeinsamen Pressekonferenz im Tuynhuis (in der Präsidentenresidenz in Kapstadt) konstatierte er: «Wir stehen zu unseren Freunden (angesprochen war Clinton), egal woher der Wind gerade weht.» An dieser Stelle kämpfte Clinton mit den Tränen. Nelson Mandela war auch im zwischenmenschlichen Kontakt ein Mann, der jeden Rahmen sprengte. Er spielte auch auf dieser Ebene in einer eigenen Liga.

Aufgrund seiner Vita und seiner Attraktivität als Persönlichkeit war es – man denke an das gefüllte Wembley-Stadion beim Free-Nelson-Mandela-Konzert von 1988 – unvermeidlich, dass Nelson Mandela im Nu zum meistbesuchten Präsidenten der Welt wurde, er genoss Superstar-Status. Von Bill Clinton über Flavio Cotti bis Muammar al-Ghadhafi – sie alle und all ihre Amtskollegen landeten früher oder später in Pretoria oder Kapstadt. Daneben gaben sich auch die Grössen des internationalen Sport- und Showgeschäfts im Office of the President die Türklinke in die Hand. Keine Woche verging ohne einen Fototermin mit einem Star vom Kaliber eines Bob Geldof, eines David Beckham oder einer Naomi Campbell.

Einzelne Kommentatoren merkten diskret an, dass Mandela den repräsentativen Teil seines Amts wohl etwas übertreibe und die «delivery», also die dringend notwendige Bekämpfung der Armut und anderes vernachlässige. Daran war sicher ein Funken Wahrheit. Andererseits merkte man erst, wie wichtig Mandelas Präsenz in der Gesellschaft und sein offenes Ohr für alle, die etwas Wichtiges vorzubringen hatten, war, als sein Nachfolger, Thabo Mbeki, deutlich mehr Distanz markierte – namentlich zum weissen Südafrika.

Ein Geniestreich im «Nation-Building» – so nannte man jegliche Tätigkeit zur Schaffung eines «Wir-Gefühls» im neuen Südafrika – gelang Nelson Mandela im Juni 1995. Südafrika war Gastgeberland für den Rugby-Weltcup. Aber nicht nur das. Nach Jahrzehnten des Boykotts, der es südafrikanischen Sportlern verunmöglicht hatte, an internationalen Wettbewerben, geschweige denn Olympiaden teilzunehmen, brach im weissen Südafrika eine wahre Euphorie darüber aus, dass die eigene Nationalmannschaft an diesen Weltmeisterschaften dabei war. Wie in fast allen Lebensbereichen waren die weissen und die schwarzen Südafrikaner während der Apartheidära auch in sportlichen Belangen getrennt. Die Weissen waren Rugby- und Cricketfans, die Schwarzen begeisterten sich für Fussball – und dies exklusiv. Wieso sollte sich ein Schwarzer für Rugby interessieren, wo er doch zu Zeiten der Apartheid als Zuschauer nicht einmal ins Stadion gelassen worden war? All dies war noch in frischer Erinnerung, als die Vorbereitungen für den Rugby-Weltcup begannen. Aufgrund dieser schwierigen Vergangenheit wollten einige Hitzköpfe im ANC sogar so weit gehen und der Nationalmannschaft das Springbock-Emblem (das Maskottchen bzw. Symboltier der Rugbyaner) auf dem Nationaltrikot wegnehmen. Der Springbock war zu Apartheidzeiten das omnipräsente Maskottchen, so auch jenes der South African Air Force, der Luftwaffe und der South African Airways, und die kleine Gazelle tauchte auch auf dem Krügerrand und dem nationalen Coat-of-Arms, dem offiziellen Emblem des südafrikanischen Staats, auf.

In dieser Situation gelang Nelson Mandela ein kleines Wunder. Wenige Wochen vor Beginn des Wettbewerbs begann er mit einer Lobbytätigkeit, deren Kernbotschaft lautete: «Jeder Südafrikaner, egal welcher Hautfarbe, unterstützt die Springboks!» Bei einem Team, das mit Ausnahme des farbigen Flügelspielers, Chester Williams, weiss war, war dies, ge-

Abb. 24: Die südafrikanische Rugby-Nationalmannschaft, die Springboks, wurden 1995 Weltmeister. Dank Nelson Mandela jubelten auch die Schwarzen über den Sieg der fast weissen Mannschaft. Nur ein Spieler war nicht weiss: der farbige Chester Williams aus dem Westkap. Nelson Mandela trug zur grossen Begeisterung aller das grüne Rugbyshirt Nr. 6 von Captain François Pienaar, dem er auf diesem Bild für den Sieg gratuliert.

linde ausgedrückt, ein kühnes Vorhaben. Und doch gelang es! Die Rugbynationalmannschaft fuhr, wann immer dies ging, in die Townships hinaus und trainierte mit der dortigen Jugend. Die Wirkung blieb nicht aus. Mit zunehmendem Erfolg der eigenen Mannschaft stieg die Spannung im Land, und zwar nicht nur unter den Weissen. Über Wochen hinweg war die meistdiskutierte Frage: Wie kann man Jonah Lomu stoppen? Lomu war der gefährlichste Stürmer des Gegners – der Nationalmannschaft von Neuseeland, genannt die «All Blacks».

Am Samstag, 24. Juni 1995, Tag des Finalspiels im Ellis-Park-Stadion, lag eine elektrisch aufgeladene Atmosphäre über Johannesburg. Ich verfolgte das Spiel zusammen mit meinem Vorgänger auf dem NZZ-Korrespondentenposten auf Grossleinwand im Wanderers-Cricket-Stadion. Beim Schlusspfiff – das Spiel stand 15:12 für Südafrika – sah man den Kommentator im südafrikanischen Fernsehen förmlich vom Sessel springen, als er ins Mikrofon rief: «Triumph for the Rainbow Nation – heartache and heartbreak for the All Blacks.» («Ein Triumph für die Regenbogennation – gebrochene Herzen für die All Blacks.»). Präsident Mandela trug das Springbok-Shirt und sprang beim Schlusspfiff vor Begeisterung aus dem Sitz. Nach dem Spiel gab es in den Strassen von Johannesburg Freudenkundgebungen von Bürgern aller Hautfarben – ein magischer Moment. Man könnte auch sagen: Nie zuvor war ein Sieg im Sport notwendiger als für diese Nation im Aufbruch!

Auf politischer Ebene war die Flitterwochenstimmung nach ungefähr zwei Jahren vorüber. Am 8. Mai 1996 genehmigte das Parlament in Kapstadt die definitive Verfassung. Einen Tag später zog sich die Nationale Partei unter der Führung von F. W. de Klerk aus der Regierung der nationalen Einheit zurück, um in die Opposition zu gehen. Zu viel stimmte für den Architekten des Wandels in Südafrika nicht mehr. Die NP hatte –«sunset clauses» hin oder her – etwa gleich viel Einfluss auf den Kurs der Regierung wie ein Seitenwagenfahrer. Kurz darauf gab de Klerk auch die Führung der Nationalen Partei an Marthinus van Schalkwyk ab. Dessen Spitzname «Kortbroek» (der «Kurze-Hosen-Träger») hätte übrigens nicht treffender sein können.

1997 benannte sich die Partei um in New National Party (NNP), um zu signalisieren, dass man mit der bösen Vergangenheit gebrochen hatte. Das Facelifting brachte gar nichts. In den zweiten demokratischen Wahlen von 1999 kollabierte die Partei von 20,4 Prozent Wähleranteil (1994) auf 6,9 Prozent. Im Jahr 2000 schloss sich die NNP der Democratic Party an, die sich fortan Democratic Alliance (DA) nannte. Aber bereits im nächsten Jahr beschloss die DA, alle von der NNP herkommenden Mitglieder und Kader wieder auszuschliessen. 2005 löste sich die NNP auf und schloss sich dem ANC an – eine wahrlich seltsame Ironie der Geschichte. Heute – im Jahr 2014 – sitzt Marthinus van Schalkwyk als Tourismusminister im Kabinett.

Wenn man bedenkt, mit welcher Inbrunst ein Daniel François Malan oder ein Hendrik Verwoerd ihre gesammelte Hirnleistung und ihr ganzes Leben dafür eingesetzt haben, um «die Schwarzen an dem Platz zu behalten, an den sie hingehören», dann erinnert dieser Werdegang der NNP unweigerlich ans absurde Theater – oder wie der Franzose sagt: «C'est la réalité qui dépasse la fiction.»

Mehr als alles andere zeigt diese Entwicklung die sehr spezielle Politik eines Landes auf, das mit keinem westeuropäischen Staat verglichen werden kann. Viel eher mit anderen Staaten im südlichen Afrika, in denen Befreiungsbewegungen die Macht übernommen haben. Der ANC bzw. die sogenannte Tripartite Alliance, also die Allianz der drei Parteien zwischen dem African National Congress, der South African Communist Party und dem Gewerkschaftsdachverband Congress of South African Trade Unions (Cosatu) ist eine historisch gewachsene Zweckgemeinschaft, die von Linksaussen bis zur Sozialdemokratie reicht, darunter auch einige Exoten, die keine Berührungsangst zu liberalem Gedankengut haben. Nelson Mandela sagte immer wieder: «Der ANC ist eine breite Kirche.» Dass diese breite Kirche nun mit Marthinus van Schalkwyk und seiner Rumpf-National-Party noch den ehemaligen Erzfeind integrierte, treibt das Konzept der «breiten Kirche» vollends auf die Spitze. Würde man einen Vergleich mit dem politischen Spektrum in der Schweiz wagen, wäre im ANC bzw. der Allianz alles vertreten, von der Partei der Arbeit, der Alternativen Liste bis hin zur Schweizerischen Volkspartei.

Doch wie William Shakespeare in *Hamlet* schrieb: «Es tönt nach Wahnsinn – und doch ist Methode darin.» Der ANC war für 20 Jahre die Rolltreppe oder der Expresslift zur Macht. Er hatte ja nicht nur einige Dutzend Positionen als Minister oder stellvertretender Minister zu vergeben, sondern Hunderte bzw. Tausende von Ämtern, sei dies als Chefbeamter, Botschafter oder Vertreter in internationalen Organisationen. Finanziell noch viel interessanter war der Wechsel von der Politik in die Wirtschaft. Genauso wie der Zusammenbruch der Sowjetunion in Moskau die Oligarchen an die Oberfläche spülte, entstand in Südafrika nach 1994 innerhalb kürzester Zeit eine neue Klasse von «roten Randlords», die in sogenannten Black-Empowerment-Transaktionen plötzlich Verwaltungsratspräsidenten oder CEOs von Staatsbetrieben oder sogar von privaten Konzernen wurden, die aus politischen Gründen an schwarze Investoren verkauft werden mussten. Pragmatisch betrachtet müsste man ja dumm sein, aus derjenigen Organisation auszutreten, die den Zugang zu den grossen Fleischtöpfen kontrolliert.

Positiv ausgedrückt hatte der ANC bei der Machtübernahme verschiedene Ideen, die auch von der Opposition getragen wurden. Die nationale Wirtschaftspolitik stand unter dem Motto «GEAR – Growth, Employment and Redistribution». Angesichts der Vergangenheit von jahrzehntelanger Unterdrückung, Segregation und Benachteiligung ist völlig klar, dass ein gewisses Mass an Umverteilung stattfinden musste – nur: wie viel und wovon? Auch 20 Jahre nach Beseitigung der Apartheid hat Südafrika immer noch einen riesigen Nachholbedarf, was sein Wirtschaftswachstum anbelangt. Millionen von Menschen leben – bei all dem, was in dieser Zeit erreicht wurde – in grosser oder absoluter Armut. Um eine substanzielle Verringerung dieses Elends zu erreichen, müsste das Land ein Wirtschaftswachstum von mindestens 6 Prozent pro Jahr aufweisen, was für einen «emerging market», also für einen aufstrebenden Wachstumsmarkt wie Südafrika nicht unmöglich sein sollte. Die Realität ist aber eine andere: Zwischen 1994 und 2014 gab es nur einige wenige Monate mit einem Wachstum von 5 oder 6 Prozent.

Die bedeutendste Rolle bei der Verarbeitung der belastenden Vergangenheit spielte eine Organisation, die nur für eine beschränkte Laufzeit ins Leben gerufen wurde: die Wahrheits- und Versöhnungskommission (Truth and Reconciliation Commission, TRC). Unter der Führung von Erzbischof Desmond Tutu organisierte die TRC von 1996 bis 1998 in allen grösseren Städten Südafrikas öffentliche Verhandlungen, die zwei Hauptzwecke verfolgten. Erstens sollten sie die Wahrheit über Verbrechen während der Apartheidära an den Tag fördern und zweitens – wo immer möglich – einen Prozess des Vergebens zwischen Tätern und Opfern in Gang bringen. Die Wahrheitskommission war, juristisch gesehen, eine sonderbare Institution. Sie hatte die Kompetenz, Verantwortliche, die durchaus auch schwere Verbrechen zugaben, zu amnestieren. Gleichzeitig war sie nicht gezwungen, sich an die Qualitätsstandards von gerichtlichen Ermittlungen zu halten, wenn sie eine Sachlage abzuklären hatte. Zudem hatte die Kommission ein Budget zur Verfügung, um kleine Kompensationszahlungen an Opfer zu leisten.

Für viele weisse Südafrikaner war es ein Schock, jeden Abend im Fernsehen zu verfolgen, was für scheussliche Verbrechen von den Sicherheitskräften begangen worden waren. Es gab Bekenntnisse von Opfern, die derart ergreifend waren, dass sogar Erzbischof Tutu oder sein Stellvertreter, Alex Boraine, ihre Gesichter in den Händen verbargen und weinten. Während der Bekenntnisteil sicher ein grosser Erfolg war – viele Opfer fühlten sich von der Sympathie im Saal und weit darüber hinaus getragen –, so gab es aus offensichtlichen Gründen Grenzen des Vergebens. Es braucht schon übermenschliche Kräfte, um zuerst in allen grausigen Details von den Folterungen von ANC-Kämpfern und deren anschliessender Ermordung zu erfahren und den Tätern danach umgehend zu verzeihen.

Die Kommission leistete aber vor allem deshalb eine ausgezeichnete Arbeit, weil sie Menschenrechtsverletzungen durch die Befreiungsbewegungen genauso akribisch untersuchte und unparteiisch beurteilte wie diejenigen des Apartheid-Sicherheitsapparats. Gerade in den ANC-Camps auf angolanischem Boden waren immer wieder grobe Verstösse gegen die Menschenrechte begangen worden. Verantwortlich zeichnete eine Reihe von Ministern aus Nelson Mandelas Kabinett, allen voran der heutige Präsident Jacob Zuma, der damals Sicherheitschef von Umkhonto we Sizwe war.

Die Wahrheitskommission stiess aber auch an Grenzen. So lehnte es der greise Präsident a. D. Pieter Willem Botha ab, vor dem Gremium auszusagen und nahm dafür eine Geldbusse in Kauf. Winnie Madikizela Mandela, damals bereits vom Präsidenten geschieden, erschien zwar vor der Kommission, zeigte aber nicht die Spur von Reue. Dabei waren in ihrer engsten Umgebung bzw. von ihrer Entourage – dem berüchtigten «Mandela Footballl Club» – Menschen misshandelt und ermordet worden. Winnie Mandela machte vor der TRC bei all diesen Geschichten eine versteinerte Miene und zeigte keinerlei Emotionen, sogar dann nicht, als Erzbischof Tutu sie förmlich anflehte, doch mit ihrem Gewissen ins Reine zu kommen.

Heute, 20 Jahre nach den ersten Wahlen für alle Südafrikaner, würden wohl die meisten Weissen positiv oder zumindest neutral über die erste und einzige Legislaturperiode Nelson Mandelas urteilen. Obwohl Mandela nie einen Zweifel an der Notwendigkeit von Macht- und Gütertransfers von den Weissen zu den Schwarzen aufkommen liess, bewies er durch Taten, dass er der Präsident aller Südafrikaner war. Und es waren wiederum Bürger aller Hautfarben, die ihm sein spätes Glück in der Liebe – er heiratete an seinem 80. Geburtstag seine Lebensgefährtin Graça Machel – von Herzen gönnten.

Obwohl klar war, dass niemand imstande war, «die Schuhe Madibas zu füllen», äusserten sich viele weisse Geschäftsleute im Jahr 1999 positiv über die kommende Stabübergabe. Mit anderen Worten, Vizepräsident Thabo Mbeki erhielt allerlei Vorschusslorbeeren. Journalisten gaben ihm den Spitznamen «Mr Delivery», was an sich sehr positiv für ihn war.

Die Metapher mit den Schuhen muss Mbeki übrigens kräftig aufgeregt haben. 1998, bei einer Feier für Mandelas 80. Geburtstag, sagte Mbeki, er wolle gar nicht in die Fussstapfen Madibas treten, da ihm dessen Schuhe gar nicht gefielen. Diese Bemerkung wurde allenthalben als äusserst ungeschickt empfunden – auch von Mandela selbst.

Mbeki hatte einen diametral anderen Stil als Mandela. Er war (und ist) der kühle, distanzierte Intellektuelle, der über alles vergleichsweise emotionslos sprach und nicht ungern sein grosses Wissen und seine Bildung ausbreitete. Die Länge seiner Reden zur jährlichen Parlamentseröffnung Anfang Februar waren ein Härtetest für alle Zuhörer. Mbekis intellektueller Ehrgeiz wurde ihm übrigens gleich zu Beginn seiner Präsidentschaft zum Verhängnis. Kaum im Amt sorgte er national und vor allem international für einen Skandal mit seiner Aussage, dass HIV nicht der einzige Auslöser von Aids sei. Armut sei genauso ein Grund für den Ausbruch der Krankheit. Man vermutet, dass Mbeki zu viel Zeit auf den falschen Internetseiten verbrachte, was insofern fatal war, als er den Ruf hatte, sich im Kabinett mit Jasagern zu umgeben.

Im September 2000 schrieb der britische *Spectator* in einem Kommentar, Mbeki sei ganz offensichtlich «off the rocker», frei übersetzt: «nicht ganz bei Trost». Und bei einer wenige Wochen später anberaumten Diskussionsveranstaltung der Foreign Correspondents Association in Johannesburg (organisiert vom Autor dieses Buches) wurde Mbeki von einer kanadischen Journalistin gefragt: «Mr President, sind Sie im Vollbesitz Ihrer geistigen Kräfte?» – Mbeki sagte darauf, dass dies der Fall sei – eine peinliche Situation. Vollends zur Lachnummer avancierte die südafrikanische Regierung in der Person von Mbekis Gesundheitsministerin, Manto Tshabalala-Msimang, als sie einige Jahre später propagierte, man solle die Aids-Seuche doch durch den Verzehr von Knoblauch und Randen bekämpfen.

Den zweiten Kardinalfehler beging Mbeki in der Simbabwe-(Dauer-)Krise. Im Jahr 2000 wurde der dortige Präsident, Robert Mugabe in einem Referendum, bei dem er sich noch mehr Macht zuschanzen wollte, an der Urne geschlagen. Mugabe befürchtete in dieser Situation, dass er bei den nächsten Wahlen die Macht verlieren könnte, denn eine damals relativ junge Oppositionspartei, das Movement for Democratic Change (MDC), hatte kräftig an Gefolgschaft zugelegt.

Die Ereignisse, die dann folgten, waren furchtbar. Mugabe liess eine grosse Anzahl von Farmen in weissem Besitz von sogenannten Kriegsveteranen besetzen. In Tat und Wahrheit waren dies die Sturmtruppen seiner Partei Zanu PF. Diese Schläger – viele von ihnen waren zur Zeit des Befreiungskriegs noch gar nicht am Leben – terrorisierten nicht nur die weissen Besitzerfamilien, sondern noch viel mehr die schwarzen Arbeiter, die ebenfalls vertrieben wurden. Mord, Vergewaltigung und schwere Körperverletzung als Instrumente der politischen Umerziehung waren an der Tagesordnung. Sogar auf den MDC-Oppositionsführer, Morgan Tsvangirai, wurde ein Mordanschlag verübt.

Angesichts dieses Dramas im nördlichen Nachbarland wirkte Mbeki zaudernd und unentschlossen. Es versteht sich von selbst, dass ein Präsident Politik nicht bzw. nicht nur über die Medien machen kann. Nichtsdestotrotz waren viele Südafrikaner schockiert über die unsouveräne Art, wie Mbeki mit der Krise umging. Mbeki wirkte unentschlossen und ständig darauf bedacht, Mugabe nur ja nicht blosszustellen. Dies enttäuschte viele nationale und internationale Beobachter, die sich vom neuen Südafrika eine Führungsrolle erhofft hatten. Mit seiner Aids- und Simbabwe-Politik untergrub Mbeki seine eigene Stellung massiv. Dies ist ausgesprochen bedauerlich, denn wirtschaftspolitisch hatte Mbeki durchaus viele gute Ideen. Er übertrieb zwar masslos, als er gegenüber einem Journalisten sagte: «Sie können mich ruhig einen Thatcheristen nennen.» In Tat und Wahrheit war Mbeki der deutschen Sozialdemokratie oder New Labour in England definitiv näher als der früheren Premierministerin Margaret Thatcher. Aber mit Blick auf die ausländischen Investoren und natürlich auch die einheimische Wirtschaftselite war Mbeki peinlich darauf bedacht, die Kommunistische Partei und den Gewerkschaftsdachverband Cosatu einigermassen in Schach zu halten und so eine möglichst liberale Wirtschaftspolitik zu betreiben. Finanzminister Trevor Manual war damals nicht nur national, sondern auch international ein Aushängeschild. Und auch Tito Mboweni machte als Notenbankchef eine gute Figur.

Mbekis Problem – und dies führte schliesslich zu seinem Sturz – war seine Neigung, sich mit Jasagern zu umgeben. Die Affäre um Jacob Zuma hätte möglicherweise auch anders geendet, wenn Mbeki besser vernetzt und besser beraten gewesen wäre. Zuma musste sich mehrfach wegen Korruptionsvorwürfen vor Gericht verantworten, was Mbeki vollkommen zu Recht als Imageproblem für die Regierung erkannte und Zuma aus dem Parlament drängte. Womit Mbeki sicher nicht gerechnet hatte, war Zumas Gegenwehr. Dieser intrigierte erfolgreich gegen den Präsidenten, gestützt auf eine Allianz von linken ANC-Angehörigen, Kommunisten und Gewerkschaftern.

Beim ANC-Parteitag von Polokwane, am 16. Dezember 2007, wurde Zuma zum Parteipräsidenten gewählt. Als das Gericht im folgenden Jahr die damals hängige Korruptionsklage gegen Zuma fallenlassen musste, trat Mbeki als Verlierer in diesem Machtkampf vom Präsidentenamt zurück. Und weil Zuma ohne Parlamentssitz nicht Staatspräsident werden konnte, wurde der amtierende Deputy President, Kgalema Motlanthe, als Interimspräsident gewählt. 2009 war sein Moment gekommen: Jacob Zuma wurde wieder als Parlamentsabgeordneter und dank einer soliden ANC-Mehrheit im Parlament umgehend zum Staatspräsidenten gewählt. Wie dies nicht weiter erstaunlich ist, erlebte die südafrikanische Politik einen Linksrutsch, denn schliesslich musste sich der Präsident erkenntlich zeigen. Praktisch dürfte dies aber auch erklären, warum Zuma in den Jahren 2012 und 2013 bzw. Anfang 2014 bis zum Redaktionsschluss für dieses Buch keine wahrnehmbaren Anstrengungen unternommen hat, um zwischen den militanten Streikenden in der Bergbau- und Autoindustrie und ihren Arbeitgebern zu vermitteln.

2012 und 2013 gingen der südafrikanischen Wirtschaft Milliarden von Dollar verloren durch Streiks, denen völlig absurde Lohnforderungen zugrunde lagen. Dies alles sind verheerende Signale an die internationale Investorengemeinschaft, vor allem wenn man sich in Erinnerung ruft, dass die Polizei 2012 in der Ortschaft Marikana im Rahmen eines Platinminenarbeiterstreiks 36 Arbeiter erschoss – das sind halb so viele, wie die weisse Polizei des Apartheidstaats 1960 in Sharpeville tötete. Auf das Ergebnis der offiziellen Untersuchung wartet man mehr als zwei Jahre nach dem schrecklichen Ereignis noch immer, wobei die Polizei offenbar – bewusst oder unbewusst – Beweismaterial zerstörte.

Ob Korruptionsverdacht oder Vergewaltigung der Tochter eines Freundes – Zuma überstand bis dato jeden Prozess vor Gericht ohne Verurteilung. Daneben gönnt sich der Polygamist und Hedonist (vier Ehefrauen, diverse Freundinnen, zahlreiche Kinder und Enkel) einen königlichen Lebensstil. Seine Privatresidenz in Nkandla (KwaZulu-Natal) liess er für über 20 Millionen Dollar ausbauen und aufwerten, offiziell aus Sicherheitsgründen. Von unfreiwilligem Humor waren die PR-Anstrengungen, mit denen man den Luxus rechtfertigte. So wurde der nachfragenden Presse mitgeteilt, das 2,8 Millionen Rand (250 000 Schweizer Franken) teure Schwimmbad sei überhaupt nicht überproportioniert: Dieses müsse vielmehr so sein, weil man es im Brandfall auch noch als Feuerwehrweiher nutze.

Die Nation rieb sich im Übrigen ungläubig die Augen, als Zuma wegen der Vergewaltigung der Tochter eines Freundes vor Gericht stand. Auf die Frage, wieso er denn mit einer bekanntermassen HIV-positiven Frau ungeschützen Verkehr gehabt habe, antworte er, zur Vermeidung einer Infektion habe er ja geduscht.

Die Scorpions, eine Sondereinheit der Polizei zur Bekämpfung von Wirtschaftsdelikten, löste Zuma übrigens handstreichartig auf, kaum war er in einem Korruptionsverfahren vom Gericht mangels Beweisen freigesprochen worden. Wie der brillante schwarze Journalist Justice Malala schrieb: Zuma mag mit dem Lesen Mühe bekunden – der frühere Hirtenbub lernte erst als Gefangener in Robben Island Lesen, Schreiben und Rechnen –, dumm ist er deswegen aber nicht. Ganz im Gegenteil.

Wie Malala am 26. November 2013 in einem flammenden «J'accuse», das die süafrikanische *Sunday Times* publizierte, schrieb: «ANC-Parlamentarier schaffen Gesetze, die nur dazu da sind, diesen einen Mann [Jacob Zuma] zu beschützen. Im ganzen Land behindern Provinzparteiführer staatliche Institutionen, um diesen einen kompromittierten Führer vor dem Gefängnis zu bewahren und an der Macht zu halten. Es ist ein unglaublicher Anblick: Einst stolze Führungspersönlichkeiten, die der Nation im Exil, in der United Democratic Front oder in den Gewerkschaften dienten, scharren und buckeln vor diesem einen Mann. Der ANC hat keine Leader mehr. Er hat heute nur noch Zombies, die kopflos ihrem Führer hinterherrennen.»

Und Malala kommt in seinem Artikel mit der Überschrift «Alle Handlanger des Präsidenten» zu einem bitteren Schluss: «Der ANC ist entwürdigt. Er ist verloren. Er hat seinen moralischen Kompass verloren und damit den Führungsanspruch in der Gesellschaft. Der Mann an seiner Spitze ist ein Abbild von der Partei. Sie ist undiszipliniert, blamabel und prinzipienlos. Wir werden die Regierungszeit von Zuma in Erinnerung behalten für ihre Unreife, ihre Feigheit und für den Bankrott der

Führungskultur, die er mit sich brachte. Wir werden uns an seine Lakaien erinnern wegen ihrer Buckelei und der Zerstörung der grössten Befreiungsbewegung des Kontinents. Was für ein entwürdigendes Ende für die Partei von Mandela.»

Nun ist Justice Malala ein Angehöriger der intellektuellen Elite. Was aber denkt das einfache Volk über Zuma? – Hier gab die Gedenkfeier für Nelson Mandela mehr als nur einen Hinweis. Wann immer Zuma auf der Grossleinwand erschien, ging ein Pfeifkonzert mit Tausenden von Buhrufen los. Dies ist insofern erstaunlich, weil Afrikaner einen grossen Sinn für die Ehrerbietung gegenüber Alter und Macht haben. Dass einfache Bürger öffentlich eine derartige Verachtung für ihren Präsidenten zur Schau stellen, ist in jeder Beziehung ausserordentlich.

Umso erstaunlicher ist wiederum das Ergebnis der Parlamentswahlen von 2014. Ganz offensichtlich gelang der Partei die Vermittlung der Botschaft: Wir sind die Befreiungsbewegung, die euch vor 20 Jahren die Freiheit gebracht und sich um euch gekümmert hat. Der «Problemfall Zuma» konnte offensichtlich in seiner Bedeutung heruntergespielt werden oder er wurde von der Mehrheit der schwarzen ANC-Wähler doch nicht als solcher wahrgenommen.

Wie sah das Ergebnis aus? Der African National Congress erreichte mit einem Wähleranteil von 62,2 Prozent zwar sein bisher schlechtestes Wahlergebnis und einen Verlust von fast 4 Prozent Stimmen im Vergleich zum Urnengang 2009. Die Partei liegt aber immer noch innerhalb der Spanne von zu erwartenden Ergebnissen zwischen 62,7 Prozent (1994) und dem Rekord von 69,7 Prozent (2004). Massiv zulegen konnte die liberale Democratic Alliance mit 22,2 Prozent gegenüber 16,7

Prozent vor fünf Jahren. Dies ist insofern besonders erfreulich, als der ANC den grössten politischen Gegner immer wieder als Partei der Weissen abzuqualifizieren versucht. Bemerkenswert, aber nicht so schlimm wie befürchtet, war das Abschneiden einer neuen Linksaussenpartei, der Economic Freedom Fighters (EFF) unter Führung von Julius Malema, dem von Jacob Zuma abservierten und aus der Partei ausgeschlossenen früheren ANC-Youth-Ligue-Präsidenten. Die Anhänger des EFF kleiden sich gerne in roten T-Shirts und vor allem mit einem roten Béret. Ihr Parteiprogramm ist wie ihre Lieblingsfarbe: von der Art, die jeden freiheitsliebenden, liberalen und unternehmerischen Zeitgenossen in die Flucht schlägt.

Danach reihen sich die schon fast bedeutungslosen Parteien, wie die Inkatha Freedom Party (IFP) mit 2,4 Prozent, die durch eine Abspaltung von der IFP entstandene National Freedom Party mit 1,6 Prozent und das United Democratic Movement (UDM) mit 1 Prozent. Alle anderen 23 Parteien erreichten nicht einmal 1 Prozent Wählerstimmen.

Im Rückblick auf die ersten 20 Jahre der Demokratie fällt auf, dass alle Parteien, die aus dem ANC heraus entstanden sind und allenfalls erste Achtungserfolge erzielen konnten, später in der Bedeutungslosigkeit versanken. Dies war so bei Bantu Holomisas UDM (bestes Ergebnis: 1999 mit 3,4 Prozent) ebenso wie bei Mosiuoa Lekotas Congress of the People (COPE), der 2009 immerhin 7,4 Prozent der Stimmen holte und 2014 nicht einmal 1 Prozent schaffte. Nicht ganz unerwarteterweise enttäuschte das Abschneiden der neuen Partei Agang von Mamphela Ramphele, der einstigen Lebensgefährtin des 1977 vom Apartheidregime umgebrachten Black Consciousness Leaders Steve Biko. Es dürfte ihr und der Partei nicht geholfen haben, dass sie zuerst einen Zusammenschluss mit der DA ankündigte, um mehr oder weniger über Nacht wieder von diesem Vorhaben abzurücken.

# BILANZ UND AUSBLICK

Das Fazit von 20 Jahren Demokratie in Südafrika: ein fulmi-
nanter Start unter einem ausserordentlichen Staatsmann und
Menschen – Nelson Mandela–, danach ein sehr durchzogenes
Mitteldrittel unter Thabo Mebeki und eine erste Legislatur Jacob Zumas, die dazu führte, dass er von seinen eigenen Wäh-
lern vor Dutzenden von ausländischen Staatschefs ausgepfiffen
und ausgebuht wurde.

Der regierende African National Congress hat in den letzten 20 Jahren ohne jeden Zweifel viel erreicht. Dies lässt sich in
verschiedenen Statistiken (siehe unten) nachweisen. Millionen
von Schwarzen geht es heute besser als vor 20 Jahren.

Wenn es in der schwarzen Bevölkerung aber Unzufrie-
denheit gibt, so aus folgenden Gründen:

*   Es gibt immer noch Millionen von Menschen, die in abso-
    luter Armut leben (d.h. mit weniger als 2 Dollar pro Tag
    auskommen müssen).
*   Es gibt Millionen von Südafrikanern, die zu einer «verlo-
    renen Generation» gehören. Im Erste-Welt-Teil von Süd-
    afrikas Volkswirtschaft gibt es immer weniger Platz für
    Analphabeten oder überhaupt Leute mit praktisch keiner
    Schulbildung.

Abb. 25: Nelson Mandela feiert die Inauguration seines Nachfolgerst Thabo
Mbeki im Juni 1999. Die Begeisterung für seinen Nachfolger legte sich aus
verschiedenen Gründen ziemlich schnell. Thabo Mbeki, geboren 1942, lebte
während der Apartheidära im Londoner Exil, später in Lusaka. Sein Vater,
Govan, wurde wie Nelson Mandela in den Rivonia Trials verurteilt und in
Robben Island eingekerkert. Thabo Mbeki entwickelte sich vom umgängli-
chen Gesprächspartner der 1980er-Jahre – seine Tabakpfeife verbreitete eine
Aura von Gemütlichkeit – zum kühlen intellektuellen Staatschef, der alle
Weissen bis und mit zum Industriekapitän auf Distanz hielt.

Abb. 26: Eine Harmonie, die nicht andauerte: Nelson Mandela mit seinen Nachfolgern Thabo Mbeki (rechts) und Jacob Zuma (links). Thabo Mbeki schaffte es nicht, für seinen zurückgetretenen Vorgänger eine offizielle Rolle als «elder statesman» zu etablieren. Zwischen Mbeki und Zuma entwickelte sich ein erbitterter Machtkampf. Als Mbeki Zuma wegen Korruptionsverdachts aus der Regierung entliess, mobilisierte Zuma geschickt die gemässigte und vor allem die extreme Linke. Die sorgte dafür, dass Mbeki seine zweite Amtsperiode, die von 2004 bis 2009 gedauert hätte, nicht beenden konnte.

Abb. 27: Jacob Zuma ist ein ausgesprochener Volkstribun, der sich im T-Shirt, in der Lederjacke oder in traditionellem Ornat wohler fühlt als im Massanzug auf dem grossen internationalen Parkett. Das Bild zeigt ihn bei seiner letzten Hochzeit – er hat vier Frauen – im Jahr 2010.

- Die Aussicht auf ein Wirtschaftswachstum, das nachhaltig die Arbeitslosigkeit reduziert (d. h. 6 Prozent und mehr), ist sehr gering aufgrund von Black-Economic-Empowerment-Zwängen, unternehmerfeindlicher Gesetzgebung, ungenügender Ausbildung und einer steigenden Militanz in der Arbeiterschaft (Bergbau, Automobilsektor).

Frans Cronje, der neue Direktor des South African Institute of Race Relations, entwirft in seinem neusten Buch (*A Time Traveller's Guide to Our Next Ten Years*) vier Basisszenarien für die Entwicklung bis 2024:

1. Frei und reich: Deregulierung bei einer gleichzeitigen Gewährung von grösstmöglicher Freiheit fördert das Unternehmertum und Wirtschaftswachstum, sodass nachhaltig mehr Unterprivilegierte in die Mittelschicht und höher aufsteigen.

2. Reicher, aber unfreier: Die Deregulierung erfolgt auf Kosten der freiheitlichen Ordnung, damit Härtemassnahmen auch implementiert werden können.

3. Arm und unfrei: Die Regierung ist ausserstande zur Reformierung der Wirtschaft und der Staat wird gleichzeitig repressiver, um die Kontrolle zu behalten.

4. Arm, aber frei: Die Wirtschaft kann nicht dereguliert bzw. reformiert werden, sodass das Land zwar ärmer wird, aber immerhin frei bleibt.

Aufgrund der Entwicklung der letzten fünf Jahre deutet wenig darauf hin, dass das Szenario «frei und reich» die grössten Realisierungschancen hat. – Ist das berühmte Glas halb voll oder halb leer? Jeder Südafrikaner muss darauf seine eigene Antwort finden. Aber ist es nicht ironisch, dass ausgerechnet der selbst ernannte Robin Hood der armen Schwarzen Südafrikas – Julius Malema – mit einem Mercedes der S-Klasse seinen Wahlkampf bestritt? Seine Wähler leben meist in Bretterbuden, ohne fliessendes Wasser, Kanalisation und Strom.

## Die Entwicklung der letzten 20 Jahre in einigen Eckzahlen

| | 1994 | 2013 |
|---|---|---|
| | | (oder letzte Zählung) |
| Wirtschaftswachstum (in %) | 0,8 | 3,4 |
| BIP pro Kopf (in Rand) | 28 536 | 37 700 |
| Arbeitslosigkeit inkl. Ausgesteuerte (in %) | 32 | 36 |
| Konsumentenpreisinflation (in %) | 14 | 6 |
| Gini-Koeffizient (1 = schlechtester Wert) | 0,60 | 0,63 |
| Rand pro Euro | 4,2 | 12,8 |
| Verhältnis weisse/schwarze Ingenieurstudenten | 44:1 | 1:1 |
| Anteil Schwarzer im Topmanagement (in %) | 4 | 39 |
| Schwarze mit eigenem Bankkonto (in %) | 19 | 52 |
| Bevölkerungsanteil in absoluter Armut (unter 2 USD/Tag, in %) | 41 | 31 |
| Sozialhilfeempfänger (in Mio.) | 3 | 16 |
| Morde pro 100 000 Einwohner | 71 | 45 |
| Lebenserwartung (in Jahren) | 62 | 57 |
| HIV bei 20- bis 64-Jährigen (in %) | 2 | 18 |

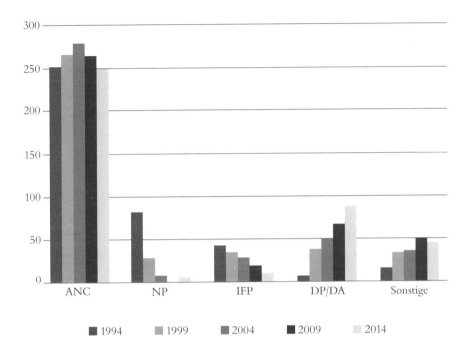

Abb. 28: Die Sitzverteilung der grösseren Parteien im südafrikanischen Parlament in den ersten fünf demokratischen Wahlen (1994–2014). Eigene Darstellung basierend auf den Publikationen Electoral Commission of South Africa.

Wie weiter nach den Wahlen vom 7. Mai 2014? Erstmals haben zwei Jahrgänge von frei geborenen Schwarzen gewählt. In der idealen Welt würde der als Staatspräsident mehr als nur fragwürdige Jacob Zuma seine zweite Amtsperiode nicht beenden und einen möglichst eleganten Abgang anstreben.

In der idealen Welt würde Südafrika sich nicht an der Vergangenheit orientieren, sondern an der Zukunft. Man würde weniger an früheres Unrecht denken, sondern an die internationale Politik und Wirtschaft, wo man in einem harten Konkurrenzkampf mit aufstrebenden, erfolgreichen und ausserordentlich ambitiösen Nationen in Asien steht.

In der idealen Welt würde die Regierung die kritische Presse, die genauso kritischen Nichtregierungsorganisationen und Thinktanks als Bereicherung und nicht als Gefahr ansehen. Jeder Leitartikler, der Missstände anprangert, ist a priori ein Patriot, der das Land vorwärtsbringen will.

Südafrika hat in den letzten 25 Jahren sehr viel erreicht und sehr vieles gut gemacht. Die letzten fünf Jahre waren kein Ruhmesblatt für das Land. Wer das Land liebt, hofft darauf, dass sich Südafrika wieder vermehrt an bisherigen Erfolgen orientiert und entsprechend vorwärtsstrebt.

# WEITERFÜHRENDE LITERATUR

Die folgenden Hinweise sollen der Leserschaft einen Überblick geben zu empfehlenswerten neueren Werken über Südafrika. In deutscher Sprache ist nur ein Bruchteil der Literatur publiziert, die in englischen und vor allem südafrikanischen Verlagen erschienen ist. Einige wenige der unten stehenden Titel sind nur noch antiquarisch bzw. in Bibliotheken greifbar. Sie wurden aufgrund ihrer publizistischen Stärke ausgewählt.

## Quellen

Zelda la Grange (2014): Good Morning, Mr Mandela. Penguin, London.

Frederik Willem de Klerk (1998): The Last Trek. A New Beginning. The Autobiography. Macmillan, London.

Nelson Mandela (1994): Der lange Weg zur Freiheit. Autobiografie. S. Fischer Verlag, Frankfurt a. M.

Nelson Mandela (2003): Nelson Mandela in His Own Words. From Freedom to the Future. Tributes and Speeches. Hrsg. v. Kader Asmal et al. Jonathan Ball Publishers, Johannesburg und Little, Brown, London.

Nelson Mandela, Hrsg. (2008): Mandela. Das autorisierte Porträt. Knesebeck Verlag, München.

Nelson Mandela (2013): Meine Waffe ist das Wort. Mit einem Vorwort von Desmond Tutu. Kösel-Verlag, München.

Debora Patta, Hrsg. (2000): One Step Behind Mandela. The Story of Rory Steyn, Nelson Mandela's Chief Bodyguard, as Told bei Debora Patta. Zebra Press, Johannesburg.

Maritz Spaarwater (2012): A Spook's Progress. From Making War to Making Peace. Zebra Press, Kapstadt.


## Darstellungen

Jens Erik Ambacher und Romin Khan, Hrsg. (2010): Südafrika. Die Grenzen der Befreiung. Assoziation A, Berlin.

Jürgen Bacia und Dorothée Leidig (2008): «Kauft keine Früchte aus Südafrika!» Geschichte der Anti-Apartheid-Bewegung. Brandes & Apsel, Frankfurt a. M.

Adriaan Basson (2012): Zuma Exposed. Jonathan Ball Publishers, Johannesburg und Kapstadt.

Philip Bonner und Lauren Segal (1998): Soweto. A History. Longman, Kapstadt.

Anthony Butler (2013): Cyril Ramaphosa. Jacana, Johannesburg und James Currey, Oxford.

Richard Calland ( 2013): The Zuma Years. South Africa's Changing Face of Power. Zebra Press, Kapstadt.

A. J. Christopher (1994): The Atlas of Apartheid. Witwatersrand University Press, Johannesburg und Routledge, London.

Frans Cronjé (2014): A Time Traveller's Guide to Our Next Ten Years. Tafelberg, Kapstadt.

Felix Dlangamandla et al. (2013): We Are Going to Kill Each Other Today. The Marikana Story. Tafelberg, Kapstadt.

Hermann Giliomee und Bernard Mbenga (2007): A New History of South Africa. Tafelberg, Kapstadt.

Ian Gleeson (1994): The Unknown Force. Black, Indian and Coloured Soldiers Through Two World Wars. Ashanti Publishing, Johannesburg.

Pat Hopkins und Heather Dugmore (1999): The Boy. Baden-Powell and the Siege of Mafeking. Rivonia (Johannesburg), Zebra Press.

Peter Magubane (2008): Man of the People. A Photographic Tribute to Nelson Mandela. Pan Macmillan, Johannesburg.

Justice Malala (2010): Let Them Eat Cake. How I Ate May Way through Mbeki, Polokwana, Zuma and Beyond. KMM Review Publishing, Johannesburg.

Christoph Marx (2012): Südafrika. Geschichte und Gegenwart. Verlag W. Kohlhammer, Stuttgart.

Martin Meredith (2007): Diamonds, Gold and War. The Making of South Africa. Simon & Schuster, London.

Bill Nasson und Albert Grundlingh (2013): The War at Home. Women and Families in the Anglo-Boer-War. Tafelberg, Kapstadt.

Claus Nordbruch (1999): Die europäischen Freiwilligen im Burenkrieg 1899–1902. Pretoria, Contact Publishers.

Jacques Pauw (1997): Into the Heart of Darkness. Confessions of Apartheid's Assassins. Jonathan Ball Publishers, Johannesburg.

Martin Plaut und Paul Holden (2012): Who Rules South Africa? Pulling the Strings in the Battle for Power. Jonathan Ball Publishers, Johannesburg und Kapstadt.

Fransjohan Pretorius (Hrsg., 2001): Scorged Earth. Kapstadt, Human & Rousseau.

Alec Russell (2010): After Mandela. The Battle for the Soul of South Africa. Random House, London.

Anthony Sampson (1999): Mandela. The Authorised Biography. Harper Collins, London.

Celia Sandys (2005): Churchill. London, Imperial War Museum.

Charlene Smith (2003): Mandela. In Celebration of a Great Life. Struik Publishers, Kapstadt.

South Africa Survey 2013. Mandela Commemorative Edition (2014). Hrsg. v. South African Institute of Race Relations, Johannesburg.

Allistair Sparks (1995): The Mind of South Africa. The Story of the Rise and Fall of Apartheid. Mandarin, London.

Richard Stengel (2010): Mandelas Weg. Liebe, Mut, Verantwortung. Die Weisheit eines Lebens. C. Bertelsmann, München.

Clem Sunter (2013): 21st Century Megatrends. Perspectives from a Fox. Human & Rousseau/Tafelberg, Kapstadt.

Werner Vogt (2000): «Gesucht Churchill – tot oder lebendig». Englands Kriegspremier als Sonderkorrespondent im Burenkrieg. In: Das Eigene und das Fremde. Festschrift für Urs Bitterli. Hrsg. v. Urs Faes und Béatrice Ziegler. Verlag Neue Zürcher Zeitung, Zürich.

Werner Vogt (2002): «Weiss-Schwarz, Schwarz-Weiss». [Betrachtung zur südafrikanischen Zeitgeschichte]. Schriftenreihe der Vontobel-Stiftung, Zürich.

Werner Vogt (2003): Publishing under Pressure. Apartheid South Africa in the Reports and Comments of the Swiss Press. Unveröffentlichte Arbeit (Masterarbeit), Universität St. Gallen.

Werner Vogt und Hansjürg Saager (2005): Schweizer Geld am Tafelberg. Die Wirtschaftsbeziehungen zwischen der Schweiz und Südafrika zwischen 1948 und 1994. Orell Füssli Verlag, Zürich.

Patti Waldmeir (1997): Anatomy of a Miracle. The End of Apartheid and the Birth of the New South Africa. Viking, London.

Edith Werner (2009): Südafrika. Ein Land im Umbruch. Ch. Links Verlag, Berlin.

Renate Wilke-Launer, Hrsg. (2010): Südafrika. Katerstimmung am Kap. Brandes & Apsel, Frankfurt a. M.

Nigel Worden (1998): A Concise Dictionary of South African History. Francolin Publishers, Kapstadt.

# BILDNACHWEIS

Autor und Verlag haben sich bemüht, die Urheberrechte der Abbildungen ausfindig zu machen. In Fällen, in denen ein exakter Nachweis nicht möglich war, bitten sie die Inhaber der Copyrights um Nachricht.

Abb. 1: Werner Vogt

Abb. 2: Cloete Breytenbach, Robben Island Museum Mayibuye Archive

Abb. 3: Werner Vogt

Abb. 4: Werner Vogt

Abb. 5: Werner Vogt

Abb. 6: Aus: Ian Gleeson (1994): The Unknown Force. Black, Indian and Coloured Soldiers Through Two World Wars. Ashanti Publishing, Johannesburg, S. 42

Abb. 7: Eigene Darstellung basierend auf: A. J. Christopher (1994): The Atlas of Apartheid. Witwatersrand University Press, Johannesburg und Routledge, London, S. 75

Abb. 8: Aus: Philip Bonner und Lauren Segal (1998): Soweto. A History. Longman, Kapstadt. S. 25 [ohne Bildnachweis]

Abb. 9: Sam Nzima, Mayibuye Centre

Abb. 10: Eigene Darstellung basierend auf: A. J. Christopher (1994): The Atlas of Apartheid. Witwatersrand University Press, Johannesburg und Routledge, London, S. 2

Abb. 11: Eigene Darstellung

Abb. 12: Aus: Klaus Nordbruch (1999): Die europäischen Freiwilligen im Burenkrieg 1899–1902. Pretoria, Contact Publishers, S. 213 [ohne Bildnachweis]

Abb. 13: Eigene Darstellung

Abb. 14: Eigene Darstellung basierend auf: A. J. Christopher (1994): The Atlas of Apartheid. Witwatersrand University Press, Johannesburg und Routledge, London, S. 12

Abb. 15: Aus: Pat Hopkins und Heather Dugmore (1999): The Boy. Baden-Powell and the Siege of Mafeking. Rivonia (Johannesburg), Zebra Press, S. 47

Abb. 16: Eigene Darstellung basierend auf: Fransjohan Pretorius, Hrsg. (2001): Scorged Earth. Human und Rousseau, Kapstadt, S. 8

Abb. 17: Aus: Celia Sandys (2005): Churchill. London, Imperial War Museum. S. 22

Abb. 18: Alf Kumalo

Abb. 19: Aus: Jacques Pauw (1997): Into the Heart of Darkness. Confessions of Apartheid's Assassins. Jonathan Ball Publishers, Johannesburg, S. 176 [ohne Bildnachweis]

Abb. 20: Aus: Hermann Giliomee und Bernard Mbenga (2007): A New History of South Africa. Tafelberg, Kapstadt, S. 369

Abb. 21: David Goldblatt, The Bigger Picture

Abb. 22: Aus: F. W. de Klerk (1998): The Last Trek. A New Beginning. The Autobiography. Macmillan, London, Bildfolge nach Seite 284

Abb. 23: Dennis Farrell, Trace Images

Abb. 24: David Rogers, Allsport

Abb. 25: Jean-Marc Bouju, AP Photo

Abb. 26: Gallo images/Foto24/Leon Botha

Abb. 27: Gallo images/You/Tumelo Leburn

Abb. 28: Eigene Darstellung basierend auf den Publikationen Electoral Commission of South Africa